MATTHIAS BRANDT

SPEED READING

SCHNELLER & BESSER LESEN

Wie Sie mit einem sicheren Schritt für Schritt System spielend leicht Ihre Lesegeschwindigkeit verdoppeln und Ihre Konzentration nachhaltig steigern

JS - Buchvertrieb

Bücher, Ebooks, Hörbücher und mehr.

Originale Erstauflage: Juni 2018

Copyright © by Matthias Brandt

Druck / Auslieferung: Amazon oder eine Tochtergesellschaft
Independently published

ISBN: 978-1075798542

INHALT

Vorwort

In der heutigen modernen Zeit werden wir von schriftlichen Informationen geradezu überschwemmt. Unzählige Daten prasseln tagtäglich von allen Seiten auf uns ein, sei es in Form von Nachrichten, Briefen, Büchern, Artikeln oder auch E-Mails.

Wie schafft man es nun zwischen Arbeit, Alltag und anderen Verpflichtungen all diesen Informationen nachzugehen, sie zu sichten und auch im Kopf speichern zu können? Immerhin kann sich unter unzähligen nebensächlichen Mitteilungen auch eine wichtige Nachricht befinden, die nicht übersehen werden darf.

Was manch einem vielleicht nun wie eine stressige und fast unmögliche Aufgabe erscheint, lässt sich jedoch durch eine ganz bestimmte Fähigkeit spielend leicht lösen. Das Zauberwort dabei ist **Speed Reading**.

Doch leidet nicht das Textverständnis und die Qualität des Lesens darunter, wenn dies mit enormer Geschwindigkeit stattfindet?

Die Frage lässt sich mit einem ganz klaren <u>Nein</u> beantworten. Wenn man es richtig macht, kann man nicht nur schneller lesen, sondern das Gelesene auch viel **besser** und **effektiver** verarbeiten! Beim Speed Reading geht es schließlich nicht darum, einen Text so schnell wie möglich durchzulesen, ohne am Ende zu wissen, was man überhaupt gerade gelesen hat.

Vielmehr fördert Speed Reading auch das Textverständnis und schärft die Auffassungsgabe, die wichtigen Informationen herauszufiltern. Wer also etwas Gegenteiliges behauptet, der sollte seine Meinung diesbezüglich schnellstens ändern!

In diesem Buch erfahren Sie, um was es sich bei Speed Reading genau handelt und wie diese Technik funktioniert. Natürlich werden dabei nicht nur trockene Theorien aufgezählt, sondern vielmehr sollen Sie selbst aktiv werden. Nur wer eine Tätigkeit auch wirklich selbst ausübt, kann diese erlernen und verbessern.

Aus diesem Grund erwarten Sie zahlreiche **praktische Tipps** und Übungen, die Ihnen dabei helfen, Speed Reading zu erlernen oder diese Fähigkeit auszubauen. Angefangen bei gewissen Übungen zur Verbesserung Ihrer Konzentration bis hin zu direkten Überprüfungen Ihrer neuen Lesefähigkeiten: Sie werden zahlreiche Anwendungen in diesem Buch vorfinden.

Dabei müssen Sie jedoch keine Angst vor Leistungsdruck oder ähnlichem haben, denn im Vordergrund steht hierbei einzig und allein Ihr persönlicher Lernfortschritt und Ihre Zufriedenheit.

Dieses Buch soll für Sie Ihr **persönlicher Lernbegleiter** darstellen, der Sie so gut wie möglich in Ihrem Lernprozess unterstützt und Ihnen dabei hilft, Ihre Lesetechniken zu verfeinern und effizienter zu gestalten.

Egal, aus welchen Gründen Sie Speed Reading erlernen möchten, sei es wegen des **Berufs**, als **Übung für Ihr Gehirn** oder einfach als Hobby - für jede Person und Ausgangslage ist dies möglich.

Sie selbst entscheiden natürlich, in welchem Maße und für welche Zwecke Sie die durch dieses Buch erlernten Fähigkeiten später einsetzen möchten, doch legen Sie hiermit den Grundstein für die **Entwicklung** des Lesens.

Stellen Sie sich dazu auch selbst die Fragen: Was genau ist Lesen für mich? Was verstehe ich unter Lesen? Was möchte ich mit dem Lesen von Texten erreichen?

Lernen Sie für sich eine andere und effizientere Art und Weise des Lesens kennen und anwenden. Es erwartet Sie eine spannende, lehrreiche und wertvolle Lektüre, die Ihnen das nötige Handwerkszeug an die Hand gibt, damit Sie das Speed Reading nachhaltig für sich meistern und zu einem absoluten Lese-Profi werden.

In diesem Sinne: **Viel Spaß beim Lesen!**

Ihr Matthias Brandt

Einleitung – Was genau ist Speed Reading?

Speed Reading – ein Wort, dass man sicher schon einmal flüchtig in irgendeinem Zusammenhang gehört hat und dieses vielleicht auch ungefähr einordnen kann. Aber was steckt dahinter?

Dieser Begriff bezeichnet das Vermischen verschiedener Lesetechniken und wurde bereits in den 50er Jahren geprägt.

Beim Speed Reading geht es nämlich in erster Linie darum, schneller zu lesen und gelesene Informationen besser abspeichern zu können. Mit dieser Technik ist es möglich, die bisherige **Lesegeschwindigkeit** zu **verdoppeln** oder sogar zu **verdreifachen**.

Die normale Lesegeschwindigkeit eines Menschen liegt ungefähr bei **240 Wörtern** in der Minute. Bei Anwendung von Speed Reading kann sich diese Zahl auf etwa **400 bis 800 Wörter** pro Minute erhöhen.

Die Technik des schnellen Lesens ermöglicht es, in kürzester Zeit einen **Überblick** über ein bestimmtes Thema zu erlangen. Dadurch wird der Lesevorgang vielfach schneller und auch effizienter. Außerdem trennen Sie automatisch die wichtigen von den unwichtigen Informationen und vermeiden den unbeliebten „Informationsmüll".

Es ist sogar nicht einmal nötig, Speed Reading **hundertprozentig** zu beherrschen und zu verstehen. Auch wenn Sie gerade erst anfangen, diese Lesetechnik anzuwenden oder Sie bisher nur zu einem Teil meistern konnten, ziehen Sie bereits daraus enorme Vorteile. Vielleicht stellen Sie sich an dieser Stelle nun auch die Frage, wieso man im Allgemeinen aber gar nicht viel von Speed Reading hört.

Oftmals ist Speed Reading vielen Menschen ein Begriff, doch hakt man nach, können keine genaueren Auskünfte gegeben werden.

Der Grund dafür ist vermutlich, dass Speed Reading nicht mit der **Lesegewohnheit** übereinstimmt, die in den Schulen gelehrt wird.

Doch wie funktioniert Speed Reading überhaupt? Grob zusammengefasst, kann diese Frage mit den **zwei Phasen** dieser Lesetechnik beantwortet werden.

1) In der ersten Phase bereiten Sie Ihr Gehirn darauf vor, dass neue Informationen **aufgenommen** werden und fokussieren sich darauf.

2) In der zweiten Phase geht es dann um das tatsächliche Aufnehmen und **Verarbeiten** dieser Informationen.

Unser Gehirn leistet jedoch beim Prozess des Speed Reading die meiste Arbeit. Es speichert nämlich alle Informationen in einem **Wissensnetz** ab und zu jedem Themengebiet ist eines vorhanden.

Liest man nun einen Text zu einer bestimmten Thematik, werden diese neuen Informationen in einem bereits vorhandenen Wissensnetz abgespeichert. Das Gehirn verknüpft also das vorhandene Vorwissen mit neuen Informationen und steigert somit immer weiter die Aufnahmefähigkeit.

Speed Reading ist eine Technik, die Ihnen viele **Vorteile** bringen und sich für Sie als extrem nützlich erweisen wird. Lesen Sie nun einfach weiter, um zu erfahren, welche positiven Seiten genau hinter dieser Lesetechnik stecken und natürlich, wie Sie diese schnellstens erlernen können!

Warum Speed Reading für Sie Gold wert ist

Vielleicht klingt Speed Reading auf den ersten Blick wie etwas nicht wirklich Notwendiges, doch Sie werden erstaunt sein, welcher große Nutzen sich dahinter verbirgt. Im ersten Teil erfahren Sie, warum Speed Reading ein sehr hilfreiches Werkzeug im Alltag sein kann und welche genauen Vorteile Sie daraus ziehen können.

Eine Fähigkeit für Jedermann

Möglicherweise denken Sie zunächst auch, Speed Reading sei nur etwas für Schüler oder Studenten, die so etwas beherrschen müssen, um zu lernen. Doch diese sind nicht die Einzigen, die viel und häufig in Kontakt mit schriftlichen Informationen kommen. Genau genommen trifft dies nämlich auf **jeden** Menschen zu.

Dennoch ist Speed Reading nicht nur etwas für diejenigen, die tagtäglich Unmengen von Artikeln oder Texten sichten und lesen müssen. Jeder kommt irgendwann mit solchen schriftlichen Informationen in Berührung und manchmal fehlt leider die **Zeit**, diese gründlich durchzulesen.

Daher gibt es keine Beschränkungen, wer Speed Reading anwenden sollte und wer nicht.

Natürlich ist das Vorurteil, dass vor allem Studierende diese Lesetechnik vermehrt anwenden, nicht ganz unbegründet. Vor allem zum Sichten von Texten für Prüfungen oder Abschlussarbeiten wird Speed Reading gerne genutzt.

Doch auch für jede andere Person lohnt sich diese Technik des Lesens, beispielsweise um sich schnell einen Überblick über ein bestimmtes Themengebiet zu verschaffen. Auch ist Speed Reading eine wunderbare Übung, um das Gehirn darauf zu trainieren, bestimmte Informationen aus einem Text **herauszufiltern**.

Dabei muss diese Lesetechnik auch nicht immer für berufliche Zwecke eingesetzt werden. Gerade in der Freizeit kann Speed Reading ein guter Helfer sein. Manche Menschen bezeichnen diese Lesetechnik sogar als ein Hobby und messen sich in Wettbewerben darin.

Wenn Sie jedoch zu den Menschen gehören, die Bücher lieber in einem **ruhigeren Tempo** lesen möchten, ist dies natürlich auch nichts Verwerfliches. Viele sehen das Lesen von Romanen als Entspannung an und genießen diese Zeit, die sie damit zubringen. Geht es Ihnen also nicht darum, **Zeit zu sparen**, sondern lieber eingehend ein gutes Buch zu lesen, dann behalten Sie dies bei.

Hören Sie auf, wertvolle Lebenszeit zu verschwenden!

Speed Reading ist genau genommen dann am sinnvollsten, wenn Sie durch irgendeinen bestimmten Umstand verpflichtet sind, zu lesen und dafür nur ein begrenzter Zeitraum zur Verfügung steht. Dann wird Speed Reading nämlich zu einem wertvollen und extrem nützlichen Werkzeug.

Bei vielen Menschen trifft dies auf den Bereich ihres **Berufs** zu. Stellen Sie sich beispielsweise vor, Sie sitzen in Ihrem Büro, haben sowieso schon viele Aufgaben zu erledigen und dann kommt noch erschwerend hinzu, dass Sie unzählige Briefe, E-Mails, Formulare oder Artikel lesen müssen. **Genau dann** kommt Speed Reading ins

Spiel. Die Zeit, die Sie durch diese Lesetechnik einsparen, können Sie problemlos für die Erledigung anderer Aufgaben nutzen und sind eher mit Ihren Arbeiten fertig.

Müssen Sie also aus beruflichen Gründen mit zahlreichen schriftlichen Informationen arbeiten, ist es fast selbstverständlich, dass Sie Speed Reading während Ihrer Arbeitszeit einsetzen.

Mittlerweile gibt es auch zahlreiche **Unternehmen**, die darauf vertrauen, dass ihre Angestellten diese bestimmte Lesetechnik kennen und anwenden können. Mit dem Beherrschen von Speed Reading können Sie also außerdem in Ihrem beruflichen Ansehen aufsteigen!

Speed Reading lohnt sich demnach vor allem dann, wenn Ihnen die nötige Zeit fehlt, einen bestimmten Text ausführlich und gründlich zu lesen. **Gerade bei Stress oder zu viel Aufgaben, die erledigt werden müssen, ist Speed Reading Gold wert.**

Aber auch außerhalb des Berufs gibt es viele Möglichkeiten, diese Lesetechnik geschickt zu gebrauchen. Sei es im Bus, in der Mittagspause oder auch abends auf der heimeligen Couch, Speed Reading ist immer und überall möglich. Nebenbei erschließt sich damit für Sie außerdem ein anregender Zeitvertreib.

Essenzielle Vorteile von Speed Reading

Neben schnellerem und effizienterem Lesen bringt Speed Reading aber noch einige weitere kostbare Vorzüge mit sich.

Merken Sie beispielsweise, dass Sie häufig beim Lesen eines Buches oder Textes **müde** werden, sobald auch nur die ersten paar Zeilen gelesen sind? Dagegen kann Ihnen Speed Reading helfen, denn wer diese Lesetechnik anwendet, bleibt wach und konzentriert. Das heißt: kein Einschlafen mehr beim Lesen!

Sie behalten durch diese Lesetechnik viel mehr vom gelesenen Text und sind in Ihrem ganzen **Leseprozess viel effektiver**. Wenn Sie zu den Menschen gehören, die beim Lesen auch schnell gedanklich abschweifen, gehört dies durch Speed Reading ebenfalls der Vergangenheit an.

Gleichzeitig wirkt sich Speed Reading auch positiv auf Ihr **psychisches Wohlbefinden** aus. Beim Anwenden dieser Lesetechnik werden die Sinne und die **Aufnahmefähigkeit** geschärft und verbessert, wodurch man sich viele Dinge besser und schneller merken kann. Das bedeutet: Keine Frustration mehr, wenn man das eben Gelesene einfach nicht bei sich behalten kann.

Wie bereits erwähnt wurde, steigert Speed Reading Ihre Aufnahmefähigkeit und damit auch Ihre Konzentration. Wer also diese beiden Faktoren immer wieder fordert und fördert, führt ganz nebenbei eine Art **Gehirnjogging** durch. Es ist wichtig, dass Gehirn immer wieder zu fordern, um es gesund und leistungsfähig zu halten. Mit Speed Reading können Sie diesen Bereich problemlos abdecken.

Was Sie mit Speed Reading erreichen können

Speed Reading kann einige Dinge in Ihrem Leben verändern oder auch sogar um einiges verbessern. Sie werden erstaunt sein, wie viel

Zeit und Mühe Sie durch das **Anwenden** dieser Lesetechnik sparen können.

Durch Training und Anwenden der Hinweise, können Sie Ihre Lesegeschwindigkeit um ein Vielfaches steigern. Sie werden schnell den Unterschied in Bezug auf Ihre Aufmerksamkeit und Auffassungsgabe merken, den diese Fähigkeit mit sich bringt.

Natürlich wissen Sie nun auch bereits, das durch Speed Reading Zeit gespart werden kann. Aber wie viel genau? Gehen Sie beispielsweise davon aus, dass sie am Tag ungefähr zwei Stunden mit Lesen verbringen. Wenn Sie nun ihre Lesegeschwindigkeit verdoppeln, sparen Sie dadurch effektiv eine ganze Stunde Zeit.

Gelingt es Ihnen, Ihre Lesegeschwindigkeit sogar noch mehr zu steigern, also zum Beispiel zu verdreifachen, sparen Sie dementsprechend noch mehr Zeit ein.

Sie wissen also nun, dass Speed Reading vor allem eines ist: ein essenzieller Helfer im **Alltag** und im **Berufsleben**. Sie sparen dadurch Zeit und Mühe und können sich so auch auf andere Dinge konzentrieren. Vielleicht sind Sie nun auch etwas überzeugter, dass Speed Reading etwas für Jeden sein kann.

Denn jeder Mensch kann diese Technik erlernen. Denken Sie immer daran, wenn Sie nun selbst diesen Schritt gehen!

Aller Anfang ... ist nicht schwer!

Sie haben nun einen groben Überblick darüber, was genau sich hinter dem Begriff Speed Reading verbirgt und welche Vorteile Sie daraus ziehen können. Um Speed Reading wirklich beherrschen zu können, benötigen Sie praktische Erfahrungen und Übungen. Dies erwartet Sie nun in den folgenden Kapiteln, in denen Sie genau erfahren, mit welchen Strategien Sie zum Superleser werden.

Praxis: Wie schnell sind Sie?

Um in dieses Thema einsteigen zu können, sollten Sie zunächst wissen, wo genau Sie im Moment stehen. Um effektiv lernen zu können, ist es immer wichtig, die eigene Ausgangslage festzustellen und zu kennen. Wie ist also Ihr derzeitiger **„Lesezustand"**?

Um diese Frage beantworten zu können, finden Sie nun eine kurze Übung vor, die Ihnen verrät, mit welcher Lesegeschwindigkeit Sie derzeit lesen und wie viel Sie einem Text entnehmen können.

Wichtig ist bei dieser ersten Übung, dass Sie noch nicht versuchen, den Text möglichst schnell zu lesen. Versuchen Sie am besten, das bisher Gelesene so gut wie möglich zu vergessen.

Lesen Sie also unbedingt in dem **Tempo**, in dem Sie auch jeden anderen beliebigen Text lesen würden. Noch ist es völlig egal, welches Ergebnis Sie hierbei erzielen, denn jetzt zählt nur, dass Ihre **derzeitige Lesegeschwindigkeit** ermittelt werden kann.

Um diese Übung durchführen zu können, begeben Sie sich an einen (ruhigen) Ort, an dem Sie allein und ungestört lesen können. Personen, die Sie beobachten oder auch nur Geräusche verursachen, könnten Sie stören oder ablenken und damit das Ergebnis verfälschen. Legen Sie außerdem eine Stoppuhr bereit, um Ihre Zeit messen zu können.

Beginnen Sie die Stoppuhr, sobald Sie auch **anfangen**, den Text zu lesen. Während des Leseprozesses sollten Sie das Zeitmessen weitestgehend ignorieren und sich auf das Lesen konzentrieren. Sind Sie am Ende des Textes angelangt, stoppen Sie Ihre Uhr.

Denken Sie daran, dass Sie den Text in Ihrem normalen, eigenen Tempo und vor allem nur einmal lesen. Setzen Sie sich keinesfalls unter Druck!

Starten Sie nun Ihre Stoppuhr. Auf die Plätze, fertig und **LOS!**

Die Raumfahrt - Wie alles begann

Das Weltall hat den Menschen schon immer fasziniert. Während alles damit begann, dass man hinauf zu den Sternen blickte und versuchte, diese zu entdecken, zu ergründen und zu erklären, wurde eine weitere Sehnsucht des Menschen immer größer. Der Traum, hinauf in den Himmel zu fliegen und auf die Erde hinab zu blicken, war wohl einer der ersten ausschlaggebenden Gründe, warum Menschen versuchten, in das Weltall zu fliegen. Außerdem warf dies ebenso die Frage auf, was sich dort oben verbirgt, was es dort noch zu entdecken gäbe.

Natürlich ist mittlerweile jedoch auch jedem Menschen bewusst, dass solch ein Unterfangen nicht von einfacher Natur ist. Zahlreiche Entwicklungen, Vorbereitungen und Sicherheitsmaßnahmen sind von Nöten, um ein Raumfahrtprogramm sicher starten zu können. In der heutigen Zeit gibt es in diesem Bereich eine Vielzahl komplexer Strukturen und Techniken, die eine Menge Aufmerksamkeit und Raffinesse erfordern.

Über Jahre hinweg wurde diese Technik immer weiter erforscht und verfeinert, doch die hochmodernen Gegebenheiten, die Wissenschaftlern und Astronauten heute zur Verfügung stehen, hat es natürlich nicht von Anfang an in dieser Form gegeben. Wie genau begann die Entwicklung der Raumfahrt und welche Faktoren spielten dabei eine Rolle?

Am Anfang stand der Drang nach der Entwicklung von Raketenantrieben, welche die späteren Raumfahrzeuge antreiben sollten. Neben den wissenschaftlichen Faktoren ist dabei der wirtschaftliche und finanzielle Aspekt von fast ebenso großer Bedeutung, denn Forschung, Maßnahmen und Umsetzung verschlingen Unmengen an finanziellen Mitteln. Unter anderem war dies auch der ausschlaggebende Punkt, warum hauptsächlich nur Großmächte wie die USA oder die ehemalige UdSSR ausgreifende und im großen Stil geplante Raumfahrtprogramme durchführen konnten.

Doch es ist noch ein weiterer entscheidender Faktor, der die Raumfahrt erst ermöglicht, obwohl man dies auf den ersten Blick vielleicht nicht sofort vermuten mag: das Interesse der Politik an solch einem Unternehmen. Eine Unterstützung der Politik durch finanzielle Ressourcen ist nämlich erst dann gegeben, wenn politische, militärische und/oder wirtschaftliche Ziele hinter einem derartigen Vorhaben stehen. Eine Unterstützung rein für Forschungszwecke ist dementsprechend ein seltener Einzelfall.

Bevor die ersten praktischen Raketentests durchgeführt werden konnten, mussten verständlicherweise zahlreiche Theorien aufgestellt werden. Immerhin musste zunächst einmal die Idee bzw. die Vorstellung des Raumfluges aufgestellt und ins Leben gerufen werden.

Diese theoretischen Überlegungen begannen jedoch schon in frühester Zeitgeschichte. Bereits in der Antike und in der Renaissance wurden einzelne Raumfahrterzählungen verfasst. Während der Aufklärung erschienen ebenfalls einige Werke zu diesem Thema, unter anderem auch von berühmten Persönlichkeiten wie Voltaire. Allerdings wurden diese Vorstellungen zu damaligen Zeiten eher als „Spinnereien" abgetan und keineswegs ernst genommen.

Aber gerade diese nicht ernst genommene Literatur war es wahrscheinlich, die viele Konstrukteure und Wissenschaftler inspirierte und dazu brachte, sich mit diesem Thema näher auseinander zu setzen.

Bereits im Jahre 1660 wurden Raketen eingesetzt, die später, neben zahlreichen weiteren Entwicklungen, als Vorlage für die Raumfahrttechnik dienen sollten. Im damaligen russischen Zarenreich wurden 1660 durch das Militär Pulverraketen für militärische Zwecke konzipiert und auch eingesetzt.

Erst viele Jahre später sollte der deutsche Wissenschaftler Hermann Ganswindt einen weiteren Schritt nach vorne wagen. Dieser hielt 1891 in Berlin einen Vortrag über eine Rakete, welche das Rückstoßprinzip nutzen sollte. Zwar wurden seine Ideen zu diesem Zeitpunkt weitestgehend abgelehnt, doch in den darauf folgenden Jahren dienten seine Denkweisen vielen anderen Wissenschaftlern als Anregung.

In Russland wurde ebenfalls mit großem Eifer weiter geforscht. So entstammt auch der Mann, der als der „geistige Vater der modernen Weltraumrakete" gilt, russischem Gebiet: Konstantin Eduardowitsch Ziolkowski. Im Jahre 1903 veröffentlichte er eine wissenschaftliche Studie zum Thema Raketen, die statt Schießpulver flüssige Brennstoffe als Antrieb nutzen sollten.

Natürlich befassten sich noch zahlreiche andere Wissenschaftler aus verschiedenen Ländern mit der Entwicklung flugfähiger Raketen und spielte dabei bei ihnen neben der Raketentechnik auch die Entwicklung von Raumfahrzeugen eine wichtige Rolle.

Doch wie bereits aufgeführt, existierte die Raketenforschung nicht nur allein zu wissenschaftlichen, sondern auch zu politischen bzw. militärischen Zwecken. So gründete die russische Militärbehörde im Jahre 1921 ein „Labor für Rückstoßprobleme" und trieb damit die Forschungen weiter voran. Allerdings war dabei nicht das grundlegende Ziel, Raketen ins All zu befördern, sondern diese neu errungene Technik für militärische Zwecke nutzbar zu machen. Durch diese Zusammenführung von Ingenieuren und Wissenschaftlern bildete sich der Grundstein der späteren Sowjet-Raumfahrt. Mit dem Einsatz von Raketenwerfern im Zweiten Weltkrieg, die in jenem Labor entwickelt worden waren, wurde jedoch bereits früh deutlich, dass die russische Raketenforschung recht militärisch organisiert war.

Anders als im sowjetischen Gebiet, blieb die Raketenforschung in Deutschland und Amerika zunächst in privaten Händen. Allerdings soll dies nicht bedeuten, dass dadurch keine Erfolge erzielt werden konnten. In Deutschland waren es vor allem die Wissenschaftler Oberth und Nebel, welche die Raketenforschung vorantrieben. Dabei setzten sie außerdem, neben der Erforschung und Entwicklung von Raketen, auf eine Konstruktion eines Raumfahrzeuges.

1930 wurde diese Zweiergruppe durch die jungen Ingenieursstudenten Klaus Diedel und Werher von Braun erweitert. Bereits zwei Jahre darauf führten sie den ersten erfolgreichen Raketentest durch. Gleichzeitig wurde auch das deutsche Militär auf diese Gruppe von Forschern aufmerksam und bot ihnen eine Unterstützung in finanzieller Hinsicht an. Die Bedingung dabei war, dass Raketen für militärische Zwecke konstruiert werden sollten. Dabei wird wieder deutlich, wie groß das Interesse der Politik und des Militärs an diesen Forschungen war.

Von Braun nahm dieses Angebot an, Nebel allerdings nicht. Mit Unterstützung des Militärs führte von Braun schließlich im Jahre 1932 auf einem Testgelände bei Berlin-Kummersdorf diverse Versuche durch und konnte dabei schon bald Erfolge verzeichnen. Somit war auch in Deutschland die Raketenforschung zu einer militärischen Angelegenheit geworden.

Natürlich lässt sich darüber spekulieren, ob das militärische Interesse an diesen Forschungen und Tests allein durch die Politik zustande kam, oder ob es eine Art Zugzwang war, da Russland ebenfalls Forschungen solcher Art durchführen ließ.

Anzumerken sei hierbei jedoch, dass alle Forschungen in Deutschland, Russland und in den USA getrennt voneinander abliefen. Es gab so gut wie keinen Austausch unter den Wissenschaftlern, wurde schließlich die militärische Raketenforschung unter strengster Geheimhaltung durchgeführt.

Positiv oder nicht: Gerade durch das Interesse der Militärs wurde die Raketenforschung, und die Entwicklung dieser, stets vorangetrieben und finanziell unterstützt. Jedoch wurde natürlich dadurch meistens die Ursprungsidee der meisten Wissenschaftler, nämlich das Schießen von Raketen ins All, in den Hintergrund gestellt. Dies führte auch dazu, dass einige Forscher, so wie beispielsweise auch Nebel, dieser Entwicklung nicht mehr folgten. In der Raketentechnik wären jedoch ohne das Militär keinesfalls solche rasanten und großen Fortschritte gemacht worden. Die erste treibende Kraft hinter der Forschung und der Raketentechnik war somit das militärische Interesse der Politik.

Beenden Sie nun Ihre Stoppuhr. Notieren Sie sich die benötigte Lesezeit in Sekunden.

Ihre benötigte Lesezeit: _____

Nun geht es um Ihr Textverständnis. Wie viel konnten Sie sich tatsächlich merken? Beantworten Sie dazu nun die folgenden Fragen (ohne wieder auf den Text zu schauen). Die Lösungen dazu finden Sie im Anhang des Buches auf S. X.

Frage 1:
Warum beschäftigten sich hauptsächlich nur Großmächte (wie die UdSSR oder die USA) mit der Forschung an Raketen und dem Raumfahrtprogramm?

Frage 2:

Was machte die Raumfahrt erst möglich?

a) das wissenschaftliche Interesse
b) der Forschergeist
c) das Interesse der Politik
d) das Interesse der Bevölkerung
e) das Interesse raffgieriger Unternehmer

Frage 3:

In welchen frühen Epochen wurden bereits einzelne Raumfahrterzählungen verfasst?

Frage 4:

Wann und wo wurden Pulverraketen für militärische Zwecke eingesetzt?

a) 1750 in Deutschland
b) 1660 im russischen Zarenreich
c) 1660 in Deutschland
d) 1750 im russischen Zarenreich

Frage 5:

Wer gilt als der „geistige Vater der modernen Weltraumrakete"?

a) der russische Forscher Konstantin Eduardowitsch Ziolkowski
b) der deutsche Forscher Klaus Diedel
c) der deutsche Forscher Herman Ganswindt

Frage 6:

Was war das grundlegende Ziel des 1921 in der Sowjetunion gegründeten „Labor für Rückstoßprobleme"?

Frage 7:

Wo wurden 1932 durch den deutschen Forscher Werher von Braun diverse Versuche durchgeführt, um Raketen für militärische Zwecke zu konstruieren?

a)   Berlin-Wannsee
b)   Berlin-Kummersdorf
c)   Berlin-Spandau

Frage 8:

Zwischen den Forschern in Deutschland, Russland und den USA gab es untereinander einen Austausch zu Forschungszwecken.

Wahr oder falsch?

_____

Überprüfen Sie nun auf S. X die Richtigkeit Ihrer Antworten, um Ihr Ergebnis zu ermitteln.

Sie können nun Ihre Verständnisleistung in Prozent ganz leicht errechnen. Teilen Sie dazu einfach Ihre Anzahl richtiger Antworten durch die Gesamtanzahl der Fragen (8) und multiplizieren Sie danach dieses Ergebnis mit 100.

Anzahl richtiger Fragen : 8 = Ergebnis A

Ergebnis x 100 = Ihre Verständnisleistung in Prozent.

Ihre Verständnisleistung: _____

Wenn Sie Ihre Verständnisleistung errechnet haben, können Sie sich nun der Ermittlung Ihrer individuellen Lesegeschwindigkeit zuwenden. Dies geht ganz **einfach** und **schnell**. Nehmen Sie dazu einfach die **Anzahl der Wörter** des Textes (in diesem Fall 1080) und dividieren Sie diese durch Ihre notierte Zeit.

1080 : Zeit (in Sekunden) = Wörter pro Sekunde

Um nun zu erfahren, auf wie viele Wörter Sie in der Minute kommen, müssen Sie nur noch Ihr Ergebnis (also Wörter pro Sekunde) mal 60 nehmen.

Wörter pro Sekunde x 60 = Wörter pro Minute

Ihre Lesegeschwindigkeit: _____

Sie haben erfolgreich Ihre individuelle Lesegeschwindigkeit ermittelt. **Herzlichen Glückwunsch!**

„Normales Lesen" vs. Speed Reading

Vielleicht wissen Sie mit diesem eben notiertem Zahlenwert noch nicht wirklich etwas anzufangen. Daher können Sie sich nun selbst einordnen, um zu sehen, wo Sie im Moment stehen und wann eine Lesegeschwindigkeit als Speed Reading gewertet werden kann.

Seien Sie jedoch unbesorgt: Selbst wenn das Ergebnis nicht Ihrer Erwartung entspricht oder Sie enttäuschen sollte, sagt dies gar nichts darüber aus, ob Sie Speed Reading erlernen können oder nicht. Denken Sie immer daran, dass diese Übung nur dazu dient, Ihren **Ausgangspunkt** festzustellen.

Ihr Ergebnis liegt **unter 100 Wörtern pro Minute**: Sie gehören zu den sehr langsamen Lesern. Auch Ihr Verständnis des Textes liegt nur ungefähr bei 30-50 %.

Ihr Ergebnis liegt zwischen **100 und 150 Wörtern pro Minute**: Sie lesen recht langsam. Ihr Textverständnis liegt ebenfalls ungefähr bei 30-50 %.

Ihr Ergebnis liegt zwischen **150 und 250 Wörtern pro Minute**: Sie besitzen eine durchschnittliche bis eher schnelle Lesegeschwindigkeit. Das Verständnis eines Textes liegt bei Ihnen zwischen 50-70%.

Ihr Ergebnis liegt bei **über 250 Wörtern pro Minute**: Sie zählen bereits zu den schnellen Lesern! Ihr Textverständnis ist mit etwa 70-80 % ebenfalls schon recht hoch ausgeprägt.

Völlig unabhängig davon, welches Ergebnis Sie nun erzielt haben, können Sie sich natürlich immer weiter steigern! Verzagen Sie nicht, falls Ihr Ergebnis Sie nicht wirklich zufrieden gestellt hat! **Es ist schließlich noch kein Meister vom Himmel gefallen.** Speed Reading kann von jedem Ausgangspunkt aus erlernt werden! Auch wenn Ihr Ergebnis besagt, dass Sie schon zu den schnellen Lesern gehören, lässt sich dieses Potenzial immer noch weiter steigern.

Die eigenen Fähigkeiten verbessern

Egal wie Sie also bei der Übung zur Feststellung Ihrer Lesegeschwindigkeit abgeschnitten haben: Nun sollen Sie versuchen Ihr

Können zu steigern. Wie genau Sie dabei vorgehen, erfahren Sie in diesem Kapitel.

Der erste Schritt zum Erlernen von Speed Reading ist zunächst einmal schlechte Leseangewohnheiten abzulegen. Vielleicht fragen Sie sich nun: Was genau für schlechte Angewohnheiten? Gibt es so etwas überhaupt? Ja, die gibt es, nur sind sie vielen Menschen nicht wirklich bewusst.

Bei diesen handelt es sich um **Angewohnheiten**, die das Lesen verlangsamen. Versuchen Sie also, die hier aufgeführten Lesebremsen und typischen Fehler zu vermeiden, um Speed Reading effektiv und erfolgreich anwenden zu können.

Einer der typischen Fehler ist die Gewohnheit, beim Lesen mitzusprechen. Sei dies nur ganz leise oder auch etwas lauter: Es hindert Sie daran, schneller zu lesen, als Sie sprechen können. Vielleicht liegt die Ursache dieser verbreiteten Fehlerquelle auch unter anderem darin, dass Lehrkräfte in der Schulzeit oftmals predigen, nicht schneller zu lesen, als man sprechen kann.

Allerdings liegt genau darin das Problem, denn wer sich an diese „Richtlinie" hält, kann keine höheren Geschwindigkeiten beim Lesen erreichen und somit auch kein Speed Reading anwenden.

Eine weitere schlechte Leseangewohnheit ist, beim Lesen mit dem Finger auf die Wörter zu zeigen. Durch diese Bewegung **hemmen** Sie ebenfalls Ihre Lesegeschwindigkeit und haben ein ganz ähnliches Problem, wie beim Mitsprechen der Wörter.

Können Sie für sich selbst feststellen, dass Sie den zu lesenden Text mit Ihrer „inneren Stimme" formulieren? Sie lesen dann mit der „inneren Stimme", wenn Sie sich in Ihrem Kopf vorstellen, wie sich das Wort, das Sie gelesen haben, anhören würde. Dies ist eine weitere Hemmung Ihrer Lesegeschwindigkeit.

Vielleicht wird es sich für Sie anfangs ein wenig merkwürdig anfühlen, wenn Sie diese „innere Stimme" weglassen, doch scheuen sich nicht davor. Nach nur kurzer Zeit wird Ihnen dies gar nicht mehr sonderbar erscheinen.

Eine schlechte Angewohnheit beim Lesen ist das **Anschauen jedes einzelnen Wortes** während des Leseprozesses. Dadurch denken Sie zu viel über die Wörter an sich nach und können nicht schnell genug zum nächsten Wort übergehen.

Auch die **Ablenkung** spielt bei diesem Thema eine wichtige Rolle. Wenn Sie merken, dass Sie sich beim Lesen schnell ablenken lassen oder dass Sie oftmals unkonzentriert sind, ist dies ebenfalls eine schlechte Angewohnheit.

Versuchen Sie hier einfach jegliche potentielle Störfaktoren, wie beispielsweise Radio im Hintergrund, der laufende Fernseher, usw., zu vermeiden und sich **einzig und allein** auf das Lesen zu konzentrieren.

Ertappen Sie sich auch manchmal dabei, dass Sie nach Lesen eines Satzes oder eines ganzen Absatzes wieder zum Anfang zurückspringen, um diesen Abschnitt noch einmal zu lesen? Oftmals wird dies gemacht, weil man nicht mehr genau zu wissen glaubt, worum es in dem gelesenen Text eigentlich wirklich ging.

Versuchen Sie auch das zu vermeiden und vertrauen Sie einfach auf Ihre Auffassungsgabe und Aufmerksamkeit. Es ist nahezu unmöglich, dass man etwas gerade Gelesenes sofort wieder vergisst, das reden sich viele Menschen einfach nur ein.

Ein schneller Leser zeichnet sich vor allem dadurch aus, dass er dieses Zurückspringen oder ähnliche Wiederholungen vermeidet. Bleiben Sie daher einfach konzentriert und gehen Sie von vornherein davon aus, dass Sie den Text verstehen und auch Teile daraus behalten werden.

Befragen Sie sich also selbst: Wo genau liegen Ihre **individuellen** Lesehemmungen? Seien Sie dabei ehrlich zu sich selbst, denn wenn Sie sich selbst belügen, sind am Ende nur Sie der Leidtragende.

Versuchen Sie nun diese aufgezählten typischen Fehler im Hinterkopf zu behalten und zu vermeiden. **Notieren** Sie sich diese gerne auch auf einem separaten Blatt Papier, um sie so besser im Gedächtnis zu behalten.

Lesen Sie nun zum zweiten Mal einen Text, während Sie dabei die Zeit stoppen und versuchen Sie sich darauf zu konzentrieren, die genannten schlechten Leseangewohnheiten weitgehend zu vermeiden.

Machen Sie jedoch vorher **eine kurze Pause!** Wenn Sie gerade erst die erste Übung absolviert haben, können Sie sich ruhig kurz ein paar Minuten der Entspannung gönnen und sich neu konzentrieren. Wenn Sie für sich selbst feststellen können, dass Sie bereit sind, führen Sie nun die zweite Übung durch.

Gehen Sie dabei genau wie bei der **Einstiegsübung** vor, in dem Sie sich einen ruhigen Ort suchen und dort Ihre Zeit zum Lesen stoppen.

Wenn Sie bereit sind, starten Sie Ihre Stoppuhr und beginnen Sie mit dem Lesen!

Die Welt der Träume

Jeder Mensch hat bereits einen Traum erlebt, doch was genau bedeutet dieses Phänomen eigentlich und was steht hinter dieser Thematik?

Ein Traum ist eine unbewusste geistige Tätigkeit, die für ein Lebewesen scheinbar unverzichtbar ist. Ohne Träume scheint nämlich die psychische wie auch die körperliche Gesundheit zu leiden. Daher wird angenommen, dass die Aktivität des Träumens eine Funktion des Gedächtnisses darstellt. Es konnte jedoch auch festgestellt werden, dass neben Menschen auch Tiere träumen können. Dies bezieht sich allerdings nur auf Tiere höherer Art.

Der Großteil der Träume bleibt unbewusst, jedoch kann manchmal der letzte Trauminhalt beim Aufwachen in das Bewusstsein dringen. Neben träumen im Schlaf gibt es außerdem noch das Träumen im Wachzustand bzw. den Wach- oder Tagtraum. Dabei ist der Träumer meist nicht fähig, zwischen Traum und Realität zu unterscheiden, da der Traum in diesem Moment als Realität akzeptiert wird. Allerdings ist es möglich, dass dem Träumer während des Traumes bewusst wird, dass es sich um einen solchen handelt. Solch ein Zustand wird als Klartraum oder auch luzider Traum bezeichnet. Manche Menschen trainieren sogar regelrecht, sich in solch einen Zustand zu versetzen, um über ihre eigenen Träume selbst bestimmen zu können.

Übereinstimmend in fast jedem Traum ist jedoch, dass dieser sich über die Grenzen von Zeit, Ort oder auch Naturgesetzen hinwegsetzt und Begegnungen mit Personen, Tieren oder auch Gegenständen ermöglicht, die sonst undenkbar wären. Auch kann ein Traum besondere Eigenschaften oder Kräfte verleihen.

Beim Träumen kann aber zudem das Alter ein ausschlaggebender Faktor sein, was in einem Traum vorkommen kann. Kleinere Kinder träumen beispielsweise zumeist von Spielen oder Tieren und sind damit sehr aktiv. Bei heranwachsenden Träumern nehmen sonderbare und merkwürdige Züge in den Träumen immer mehr zu.

Auch unterliegt das Träumen einem gewissen Ablauf. Zunächst verliert man während des Einschlafens die Kontrolle über den normalen Gedankenablauf. Danach nimmt die Raum-Zeit-Orientierung mehr und mehr ab bis schließlich Traumbilder auftreten. Diese wirken meist als wirkliches Geschehen.

In allen Schlafphasen ist es möglich, dass Träume vorkommen. Diese Phasen sind Einschlafen, Aufwachen, REM-Schlaf sowie Non-REM-Schlaf. Ungefähr alle 90 Minuten des Schlafs hat ein Mensch REM-Träume, welche anfangs eine Länge von etwa 10 bis 45 Minuten aufweisen.

Bei vielen Menschen ist es der Fall, dass die Träume am lebhaftesten sind, wenn sie direkt aus dem REM-Schlaf geweckt werden. Dann liegen die Chancen für eine Traumerinnerung bei 80 %. Eine kleine Hilfestellung kann dabei der Wecker sein, wenn dieser auf 4½, 6 oder 7½ Stunden nach dem Zeitpunkt des Einschlafens gestellt ist. Dadurch sollte man direkt nach einem Traum aufgeweckt werden.

Erwacht man jedoch aus dem Tiefschlaf, fehlt es an Orientierung sowie Erinnerungsvermögen. Dadurch verblasst die Erinnerung an das Geträumte normalerweise binnen fünf bis zehn Minuten. Um dies zu verhindern, können lediglich Aufzeichnungen bezüglich des Traumes innerhalb dieser Zeitspanne festgehalten werden.

Ein Traum ist ein sinnvoller, biologisch wertvoller Prozess. Er dient zur Unterstützung der einwandfreien Funktionalität des Nervensystems. Heutzutage wird dem Traum ebenso eine weitere große Bedeutung zugestanden. Dieser sorgt bekanntlich für eine konstante emotionale Ausgeglichenheit und eine allgemeine psychische Gesundheit.

Das Erleben eines Traumes kann sich außerdem hervorragend dazu eignen, mehr über die eigene Person, den eigenen Körper, Gefühle und Erinnerungen zu erfahren. Dies ist allgemein unter dem Begriff der Traumdeutung bekannt. Daher gibt es auch viele Menschen, die ihre Aufzeichnungen in einem Traumtagebuch festhalten, um Zusammenhänge zu erkennen und wiederkehrende Traumelemente zu entdecken und diese dann deuten zu können.

Nennenswert ist weiterhin, dass herausgefunden wurde, dass die Augenbewegungen während des Schlafes exakt die gleichen sind wie die Augenbewegungen im Traum. Dies stellte Stephen LaBerge während eines Versuches fest, der dazu dienen sollte, Klarträume (luzide Träume) wissenschaftlich zu belegen. Durch vorher vereinbarte Augenbewegungen war es dem Probanden möglich, mit der äußeren „wachen Welt" in eine Art Kontakt zu treten und somit den Forschern zu verstehen zu geben, dass er gerade bei vollem Bewusstsein träumte.

Klarträume sind bei vielen Menschen ein Wunsch, denn Träume zu kontrollieren und genau das zu erleben, was in der Realität niemals möglich wäre, ist verständlicherweise sehr verlockend. Aber schon allein das Träumen an sich ist eine wunderbare Tätigkeit des menschlichen Gedächtnisses.

Beenden Sie jetzt Ihre Stoppuhr und notieren Sie Ihre Zeit.

Ihre benötigte Zeit: _____

Gehen Sie nun über zur Befragung des Textverständnisses. Bitte denken Sie wieder daran, den Text nicht noch einmal zu lesen bzw. zu überfliegen, während Sie die folgenden Fragen beantworten!

Frage 1:
Nur Menschen können träumen. Wahr oder falsch?

Frage 2:
Wie wird der Zustand genannt, wenn dem Träumer während des Traumes bewusst wird, dass er träumt?

Frage 3:
Wovon träumen in den meisten Fällen kleinere Kinder?
- a)   von anderen Personen
- b)   von Spielen und Tieren
- c)   von Fantasiefiguren

Frage 4:
In welchen Phasen des Schlafes ist es möglich, dass Träume vorkommen?

Frage 5:

Nach welcher Phase sind die Träume der meisten Menschen am lebhaftesten?

a)   direkt nach dem Einschlafen
b)   direkt vor dem REM-Schlaf
c)   direkt nach dem REM-Schlaf

Frage 6:

Träumen ist kein biologisch sinnvoller Prozess.
Wahr oder falsch?

Frage 7:

Was konnte Stephen LaBerge während eines Versuches zur wissenschaftlichen Belegung von Klarträumen feststellen?

a)   Die Augenbewegungen während des Schlafens und die im Traum sind exakt identisch.
b)   Die Handbewegungen während des Schlafens und die im Traum sind exakt identisch.
c)   Die Atemfrequenzen während des Schlafens und die im Traum sind exakt identisch.

Überprüfen Sie zunächst auf S. X. die Richtigkeit Ihrer Antworten. Nun ermitteln Sie erneut Ihre Verständnisleistung und Ihre persönliche Lesegeschwindigkeit. Dies können Sie wieder ganz einfach mittels der bereits gezeigten Rechnung erreichen:

Anzahl richtiger Fragen : 7 = Ergebnis A

Ergebnis x 100 = Ihre Verständnisleistung in Prozent

Ihre Verständnisleistung: _____

Für Ihre Lesegeschwindigkeit gehen Sie nach folgender Rechnung vor:

Wörteranzahl (675) : Zeit (in Sekunden) = Wörter pro Sekunde. Wörter pro Sekunde x 60 = Wörter pro Minute.

Ihre Lesegeschwindigkeit: _____

Hat sich Ihr Ergebnis verändert? Um Ihren genauen Fortschritt bezüglich Ihrer Lesegeschwindigkeit sichtbar machen zu können, notieren Sie sich nun Ihre beiden Ergebnisse (von der Einstiegsübung sowie von der eben durchgeführten zweiten Übung). Teilen Sie Ihr Ergebnis aus der zweiten Übung nun durch das der ersten Übung.

Wörter pro Minute (2. Übung) : Wörter pro Minute (1. Übung)
= Ergebnis A

Nehmen Sie dieses errechnete Ergebnis (hier Ergebnis A) und ziehen Sie davon 1 ab.

Ergebnis A - 1 = **Ergebnis B**
Nehmen Sie dieses Ergebnis (hier Ergebnis B) nun mal 100.

Ergebnis B x 100 = _____

Dieser letzte Wert ist Ihr persönlicher Steigerungswert (in Prozent) Ihrer Lesegeschwindigkeit. Damit können Sie direkt einsehen, um wie viel Prozent Sie sich bereits steigern konnten.

Wenn Sie von sich selbst sagen konnten, dass Sie bereits bei der Einstiegsübung keine der genannten schlechten Leseangewohnheiten anwenden, so werden Sie vielleicht noch keine großen Fortschritte bei sich festgestellt haben. Doch seien Sie unbesorgt: Dieser Lernfortschritt wird sich bald auch bei Ihnen einstellen.

Seien Sie jedoch bereits jetzt stolz auf sich, denn Sie haben die ersten Schritte zum Training von Speed Reading nun hinter sich gebracht.

Das Geheimnis von Speed Reading

Speed Reading besteht nicht nur aus einfachem schnellen Lesen. Wofür diese Lesetechnik neben der erhöhten Lesegeschwindigkeit außerdem noch steht, ist die Konzentration. Wenn Sie es schaffen, Ihre eigene Konzentration zu verbessern und zu verschärfen, werden Sie Speed Reading schon bald **spielend leicht** beherrschen. Seien Sie ehrlich zu sich selbst und beantworten Sie für sich die Frage: Sind Sie beim Lesen oft unkonzentriert?

Unkonzentriertheit beim Lesen zeichnet sich vor allem durch das **Abschweifen von Gedanken** aus. Sie überlegen, was Sie noch im Haushalt tun müssen, welche Termine in der nächsten Zeit anstehen oder vieles mehr. Bei solchen Gedanken kann das Gehirn nur bedingt Informationen aufnehmen und verarbeiten.

Doch ist dabei keine Überforderung des Gehirns der Fall, sondern vielmehr eine **Unterforderung**! Wenn Ihr Gedächtnis nicht genügend

Aufgaben zu bewältigen hat, sucht es sich eben andere „Baustellen", wie beispielsweise das Nachdenken über den Haushalt.

Wenn Sie allerdings bewusst Ihre Lesegeschwindigkeit erhöhen, hat Ihr Gehirn gar nicht mehr die Gelegenheit dazu, die Gedanken abschweifen zu lassen, da es nun intensiver **gefordert** wird.

Andere Gründe für Unkonzentriertheit können aber auch von gegenteiliger Natur sein. Probleme wie Vokabelschwierigkeiten bzw. Wortschatzprobleme, die falsche Lesegeschwindigkeit oder Einstellung zum Text oder auch fehlende Motivation können dabei eine Rolle spielen.

Stellen Sie für sich selbst fest, dass eines oder mehrere dieser aufgezählten Probleme auf Sie zutreffen, sollten Sie zunächst versuchen, an diesen Baustellen zu arbeiten.

Fehlen Ihn beim Lesen eines Textes oftmals gewisse Vokabeln oder reicht Ihr Wortschatz nicht genügend aus, kann dies Ihr Textverständnis beeinflussen. Doch legen Sie den Text dadurch keinesfalls weg, sondern lesen Sie einfach weiter!

Sollten Sie auf ein Wort stoßen, dass Sie nicht ganz verstehen, unterstreichen oder **markieren Sie es** und setzen den Lesevorgang fort. Sind Sie mit dem Lesen am Ende, schlagen Sie alle markierten Wörter nach und vergrößern Sie so immer weiter Ihren Wortschatz.

Auch eine **unangemessene Lesegeschwindigkeit** kann ein Hemmnis für Konzentration sein. Lesen Sie niemals einen Text zu langsam, auch wenn Sie denken, dass Sie diesen so besser verstehen!
Eigentlich gilt nämlich das genaue Gegenteil: Je langsamer Sie lesen, desto weniger werden Sie aus dem Text verstehen.

Überprüfen Sie, ob Sie wirklich in einer angemessenen und für Sie angenehmen Geschwindigkeit lesen. Sie werden erstaunt sein, wie sehr sich Ihre Konzentration verbessert, wenn Sie darauf achten.

Ähnlich verhält es sich mit einer möglichen falschen Einstellung zum Text. Wenn Sie sich gedanklich nicht auf das, was Sie lesen, einstellen, können Ihre Gedanken wieder sehr schnell abschweifen.

Lassen Sie sich also auf den zu lesenden Text ein und sammeln Sie sich ruhig vorher kurz, um Ihre Gedanken zu ordnen und sich auf das jeweilige Thema einzustellen.

Mangelndes Interesse bzw. mangelnde Motivation lässt sich dadurch beheben, dass Sie die Gründe für das Lesen eines Textes eingehend analysieren. Dieses Problem entsteht nämlich erst dadurch, dass man keinen klaren **Sinn** für das Lesen dieses Textes sieht.

Sind Sie selbst nach einer **Analyse** der Gründe der Meinung, dass sich für Sie wirklich kein Sinn erschließt, den Text zu lesen, dann sollten Sie dies vielleicht wirklich nicht tun.

Natürlich gilt diese Option nur für Texte, die Sie freiwillig lesen. Beim Lesen aus beruflichen Gründen müssen Sie sich die jeweiligen Vorteile, aber auch Ihre Pflichten vor Augen führen, dann werden Sie auch kaum noch Probleme damit haben.

Achten Sie auf eine gute Konzentration. Dies ist die **Grundlage**, um Speed Reading effektiv erlernen zu können. Haben Sie den ersten Schritt erst einmal getan, so wird sich für Sie bald eine Win-Win-Situation einstellen.

Mit Speed Reading steigern Sie nämlich Ihre Konzentration immer weiter, was wiederum für noch schnelleres Lesen und höhere Konzentration sorgen kann. Zwei Fliegen mit einer Klappe!

Versuchen Sie also nun immer, möglichst schnell und konzentriert zu lesen. Falls Sie das Gefühl haben sollten, dass Sie nicht alles aus dem Text verstanden haben, tun Sie dies dennoch. Sie nehmen sehr viel mehr aus dem Gelesenen in Ihr Gehirn auf, als Sie denken.

Sie werden erstaunt sein, an wie viel Sie sich tatsächlich erinnern können, wenn Sie nur das **Vertrauen** darin haben.

Natürlich sind schnelles Lesen und die Beseitigung der aufgezählten Probleme nicht die einzigen Möglichkeiten Ihre Konzentration zu steigern. Dafür gibt es **zahlreiche spezielle Übungen**, von denen Sie nun einige in diesem Buch finden werden.

....

Führen Sie diese Konzentrationsübungen durch, um sich weiter auf die nachfolgenden Trainingsübungen vorzubereiten.

Erste Übung:

Nehmen Sie ein beliebiges Schriftstück, beispielsweise eine Zeitung, und wählen Sie einen Text aus. Zählen Sie nun in diesem Text alle Buchstaben „o".

Führen Sie diese Übung gern mehrmals durch, auch mit Variationen. Wählen Sie zum Beispiel einen anderen Buchstaben oder erhöhen Sie das Anforderungsniveau, indem Sie zwei, drei, usw. verschiedene Buchstaben zählen.

Sind Sie mit dieser Übung fertig, machen Sie eine kurze Pause und gehen dann weiter zur zweiten Übung.

Zweite Übung:
In der unten stehenden Ansammlung von Buchstaben sind fünf Hauptstädte von deutschen Bundesländern versteckt. Finden Sie diese und kreisen Sie sie ein!

```
ALWOHPVÜWBUCHKVHCDSKWLKVNJAHKÖÜWNHNDSADD  JJF-
JFOSKDJFFEFHVJNFDFDHVDÜSSELDORFXDFDFEFEFH
VJNDEÜQÖDJCHEBDZAÄDÄEÜPFUSGANYMXLVOIEZTNDL
AODJRBFHZDKNEHVJNRHWOEÜDNMÜNCHENQÜSKDHRN  AAK-
FJFQQÜDÖRJFHVNELÄPITRHDNAKQÜAKHCGFNDKEOLAUS-
BEVHAUSÜQLNJVMDQÜAJDBVHDKENAÖHEFORTWF  LPÜ-
DUAHCGEVKLÖMSZEBAGCPAÜURGFKLIRTCMÜNZEW
ASCHWERINÜPRZTHDYALÖEWSDJGUQZDBMAUSLEPDEU
GRLGUIAHERLWKJERFURTOAQRTDUSELDOLROADURATD
DQUIWIEMOWOAÜPRZFNCHXKRAMDGTNWIESBADENJDUI
LFOTOZRAFFEÜRYHMLSAILSEOZRTAPFEFFJAVEUDNIÖQL
EÜQAUNFUTANTEDGJEOWAHFEKDEOEMBARLINWÄDORN
```

Die Lösung dieser kurzen Übung ist: Düsseldorf, München, Schwerin, Erfurt und Wiesbaden.

Viele Menschen finden bei solch einer Übung nur vier dieser Städte und suchen dann recht lang nach dem letzten Wort. Sollte dies auch bei Ihnen der Fall gewesen sein oder haben Sie gar nur vier gefunden, ist dies natürlich nicht schlimm!

Seien Sie dadurch nicht frustriert, denn **Ihr erzieltes Ergebnis** (immerhin etwa 80 %) kann sich ebenfalls sehen lassen! Gehen Sie nun nach einer kurzen Pause weiter zur nächsten Übung!

Dritte Übung:

Nehmen Sie sich wieder einen beliebigen Text. Überfliegen Sie diesen schnellstmöglich und kreisen dabei von Ihnen vorher festgelegte Wörter ein. Dies können zum Beispiel Wörter sein wie „und", „in", usw. oder auch jegliche Artikel. Entscheiden Sie dabei selbst, auf welche Wörter Sie sich konzentrieren möchten.

Sie können die dritte Übung auch variieren, indem Sie Ihre Suche auf spezifische Begriffe oder auch Namen ausrichten. Durch die Vielfalt und Variationsmöglichkeit dieser Übung können Sie diese auch gern als ein kurzes tägliches Training betrachten.

Während Sie Ihre Aufmerksamkeit bis eben vor allem auf Ihre Konzentration gerichtet haben, soll es nun darum gehen, sich mit Ihren Augen zu beschäftigen.

Die Bewegungen der Augen und die Blickspanne sind nämlich ebenfalls ein wichtiges Mittel, um Speed Reading effektiv erlernen und anwenden zu können.

Vielleicht ist Ihnen bekannt, dass die Pupillengröße neben der Lichtintensität auch von dem jeweiligen vorherrschenden Gefühl abhängig ist. Wenn das menschliche Auge etwas mit besonderem Interesse betrachtet, nimmt auch die Größe der Pupillen zu. Wenn Sie also etwas lesen, an dem Sie interessiert sind, **weiten sich demnach Ihre Pupillen.** Dies führt dazu, dass mehr Licht eingelassen wird, wodurch Sie viel mehr Einzelheiten in der Sekunde aufnehmen können.

Also ein weiterer Grund dafür, dass man immer interessiert am Lesen eines Textes sein sollte! Interessant ist außerdem, wie die Bewegung der Augen mit schnellem Lesen verknüpft ist.

Falls Sie einmal einer anderen Person beim Lesen zugeschaut haben, so ist Ihnen vielleicht aufgefallen, dass die Augen keine fließenden, sondern eher sprunghafte Bewegungen machen. Grund dafür ist, dass sich die Augen immer für ganz kurze Momente auf Textstellen fixieren.

Dabei ist es unwichtig, ob Sie ein schneller oder langsamer Leser sind, denn **diese kurzen „Pausen" finden immer statt**. Anders können menschliche Augen einen Text nicht aufnehmen. Die Dauer dieser „Pausen" ist immer gleich und daher nicht veränderbar.

Aber: Sie können schneller lesen, indem Sie weniger solcher „Pausen" durchführen. Versuchen Sie also darauf zu achten, Ihre Augen nicht zu langsam zu bewegen. Ihre Augen sind nämlich dazu fähig, auch wenn Sie dies vielleicht nicht sofort für möglich halten.

Die Augenbewegung wird dann langsam, wenn ein bestimmter, anvisierter Punkt sich bewegt, doch das ist beim Lesen nicht der Fall. Dadurch, dass der Text unbewegt ist, ist es Ihnen auch möglich, Ihre Augen bewusst schneller über die Wörter fliegen zu lassen.

Achten Sie darauf, Ihre Blickspanne zu erweitern, denn das wirkt **Wunder** im Erlernen und Trainieren von Speed Reading bewirken.

Der gewöhnliche Leser erfasst in der Regel mit dem Auge drei bis fünf Buchstaben gleichzeitig. Ein geübter und schneller Leser hingegen kann diese Blickspanne auf sechs bis acht Wörter erweitern.

Übung 1

Decken Sie die folgenden Zeilen mit einem Blatt Papier nacheinander Zeile für Zeile auf. Sehen Sie dabei immer auf den Strich zwischen den beiden Wörtern. Schon nach kurzer Zeit wird es Ihnen problemlos gelingen, beide Wörter auf einen Blick zu erkennen und zu erfassen.

Hut - Mut

was - wer

wie - nie

Rad - Rot

Ohr - Uhr

Bad - Not

Reh - Rot

Kur - Wut

Übung 2

Wenn Sie diese Übung erfolgreich abgeschlossen haben, können Sie sich nun ein wenig steigern. Die nächste Übung befasst sich mit Wörter mit vier Buchstaben. Gehen Sie dabei genauso vor wie bei Übung 1.

Wort - Wert

hoch - Hase

frei - früh

Stab - Grab

Hund - Hand

Torf - Dorf

gelb - hell

laut - Frau

grau - grün

Übung 3:

Nachdem Sie die Übung mit Wörtern mit vier Buchstaben gemeistert haben, können Sie sich nun Wörtern mit fünf Buchstaben zuwenden. Gehen Sie dabei wieder genauso vor wie bei den beiden vorherigen Übungen.

Hölle – Höhle
Franz – Kranz
Kanne – Wonne
Pedal – Regal
singt – bringt
Klotz – Kranz
Henne – Minze
liest – Tisch
Blatt – Lager

Es gibt noch zahlreiche weitere Übungen für die Erweiterung Ihrer Blickspanne, doch Sie werden schon diesen einen Erfolg verzeichnen können. Achten Sie unbedingt darauf, genügend **Pausen** und **Erholungsphasen** für Ihre Augen einzuplanen!

Sie haben nun einige Übungen hinter sich, um Ihre Konzentration oder Ihre Augenbewegungen zu verbessern und haben erfahren, welche schlechten Angewohnheiten beim Lesen auftreten können. Sie durften Ihr Können bereits bei zwei Übungstexten unter Beweis stellen. Wenn Sie dies geschafft haben, können Sie sich an dieser Stelle bereits loben, denn Sie haben gerade für sich selbst den Weg zum Speed Reading **geebnet**. Lesen Sie nun weiter, um zum absoluten Profi des Speed Reading zu werden!

Speed Reading meistern

Nun haben Sie einen Einblick in das Thema Speed Reading erhalten und sich auch schon in den ersten Versuchen erprobt. Diese neu erlernten Fähigkeiten müssen Sie immer weiter ausbauen, vertiefen und aufrecht erhalten. Hier erfahren Sie, wie Sie Speed Reading weiter trainieren und welche Übungen Sie anwenden können, damit einer problemlosen Umsetzung nichts mehr im Wege steht.

Die besten Tipps und Tricks für Ihren Erfolg

Nachdem Sie die erste Hürde des Speed Readings genommen haben, geht es nun darum, Ihre neue Lesetechnik eingehender zu üben und zu verschärfen.

Dies können Sie unter anderem auch dadurch erreichen, indem Sie sich nun Ihrem **Unterbewusstsein** widmen. Das Unterbewusstsein liest nämlich ständig mit und diese Gabe wird häufig unterschätzt oder als nicht wichtig erachtet.

Neben der Konzentration und der Kontrolle Ihrer Augenbewegungen gehört das Nutzen des Unterbewusstseins zu einem entscheidenden Erfolgsfaktor beim Speed Reading. Und nicht nur beim Speed Reading: Wenn Sie es verstehen, Ihr Unterbewusstsein mit den richtigen **gedanklichen Impulsen** zu versorgen, können Sie jedes sich selbst gesetzte Ziel erreichen. Aber das nur am Rande.

Wenn Sie sich bewusst werden, wie viele Informationen Sie außerdem noch durch Ihr Unterbewusstsein aufnehmen können, wird Ihnen Speed Reading viel besser und **schneller** gelingen.

Dazu eine kurze Übung:

Nehmen Sie sich ein Blatt Papier und legen Sie es über die unten stehende Zahlenreihe. Ziehen Sie es nun zeilenweise immer nur für einen kurzen Moment nach unten und schieben es dann sofort wieder nach oben. Notieren Sie sich anschließend die Zahl.

Sollten Sie sich nicht mehr sicher sein, welche Zahl Sie gerade gesehen haben, schreiben Sie dennoch etwas auf. Sie werden über die Richtigkeit Ihrer Intuition erstaunt sein!

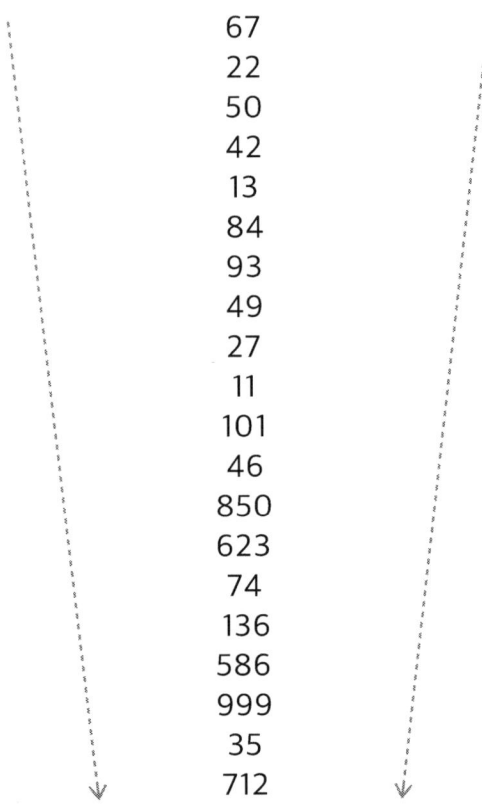

67
22
50
42
13
84
93
49
27
11
101
46
850
623
74
136
586
999
35
712

Sie können solch eine Übung mit anderen Zahlen auch ganz schnell und einfach selbst aufstellen, wenn Sie weitermachen möchten. Wenn Sie die Herausforderung suchen, können Sie dabei auch weitaus größere Zahlen nehmen, achten Sie nur darauf, sich nicht zu überfordern!

Sind Sie nun überzeugt, wie viel Ihr Unterbewusstsein leisten kann? Dadurch können Sie viel mehr aus einem Text entnehmen, als Ihnen eigentlich bewusst war.

Sie wissen nun bereits auch, dass die Augenbewegungen eine sehr wichtige Rolle beim Speed Reading spielen, aber haben Sie schon einmal etwas vom Zwei-Zeilensprung gehört?

Wenn nicht, wird es nun Zeit dafür! Der Zwei-Zeilensprung oder auch doppelter Zeilenschwung ist eine enorm hilfreiche Lesehilfe-Technik. Dabei geht es vor allem darum, zwei Zeilen auf einmal zu erfassen.

Ihr Gehirn gewöhnt sich dabei nach und nach daran, das vertikale wie auch **das horizontale Sehvermögen** zu gebrauchen. Eine Methode, die viel einfacher ist, als Sie zunächst vielleicht annehmen!

Wenn Sie bereits Notenlesen können, so wird Ihnen diese Technik sogar noch einfacher fallen, denn Musiker wenden diese Vermischung der beiden Sehvermögen häufig an.

Um den **Zwei-Zeilensprung** zu trainieren, können Sie sich zunächst gern eine Lesehilfe mit hinzu nehmen. Dies kann beispielsweise ein einfaches, schmales Blatt Papier sein.

Führen Sie diese Übung auch am besten an einem Text durch, den Sie bereits gelesen haben, um Ihre Augen und sich selbst besser daran gewöhnen zu können. Nehmen Sie beispielsweise den Text aus Ihrem ersten Lesetest.

Praxis-Übung: „Zeilenlesen"

Für diese Übung müssen Sie wie folgt vorgehen: Bewegen Sie die Lesehilfe leicht unterhalb von zwei Zeilen. Die Bewegung muss dabei gleichmäßig sein! Sind Sie am Ende einer Zeile, heben Sie Ihre Lesehilfe etwa einen Zentimeter vom Blatt hoch und legen es unter die nächsten beiden Zeilen. Dort verfahren Sie wie eben und führen dies mit den restlichen Zeilen ebenfalls durch.

Zeile 1

Zeile 2

Zeile 3

Zeile 4

...

- -

Ähnlich wie der Zwei-Zeilensprung ist der variable Zeilensprung. Dabei geht es allerdings darum, so viele Zeilen wie möglich mit einem Mal zu erfassen.

Um diese Technik zu testen, können Sie genauso wie beim Zwei-Zeilensprung vorgehen, jedoch nicht alle zwei Zeilen eine Lesehilfe verwenden, sondern für einen größere Spanne. Je nachdem wie Sie sich fühlen, können Sie dabei zwischen **drei** und **acht Zeilen** variieren.

Bei solchen Techniken geht es vor allem darum, möglichst viel Text in möglichst kurzer Zeit zu erfassen.

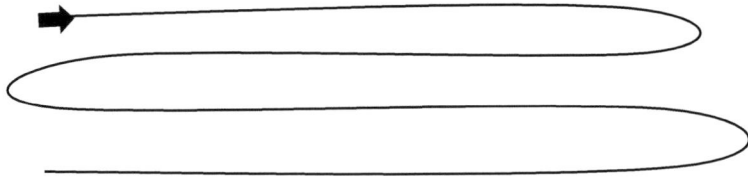

Wenn Sie sich in den beiden genannten Techniken bereits ziemlich sicher fühlen, können Sie versuchen, eine fortgeschrittene Technik anzuwenden: die **S-Methode**.

Die S-Methode

Bei der S-Methode vollführen Sie mit Ihren Augen wortwörtlich S-Bewegungen auf dem Text. Beginnen Sie wie beim normalen Lesen links oben und bewegen Sie Ihre Augen anschließend in ausgreifenden **S-Bewegungen** über den Text.

Wenn Sie die vorherigen Techniken bereits gut beherrschen, sollte auch diese Übung für Sie ein Leichtes werden.

Eine weitere **raffinierte Technik**, die Ihnen beim Vertiefen des Speed Readings helfen kann, ist das **Überfliegen**. Sicher haben Sie schon öfter einen Text überflogen und wissen vielleicht schon ungefähr, worauf es ankommt.

Texte überfliegen

Beim Überfliegen geht es vor allem darum, bestimmte Dinge schnell und ohne hohen Aufwand erfassen zu können. Wenn Sie also einen Text nach einem bestimmten Sachverhalt oder bestimmten Schlüsselwörtern durchforsten müssen, kann die Technik des Überfliegens **Gold wert** sein!

Um Ihre Wahrnehmung diesbezüglich zu schärfen, führen Sie die folgende Übung durch.

Übung 1:

Sie sehen vor sich einige Zahlenreihen. Dabei wird die erste Zahl in jeder Zeile an irgendeiner Stelle in genau dieser Zeile wiederholt. Versuchen Sie, diese Zahl, so schnell es Ihnen möglich ist, zu entdecken. **Stoppuhr: Los!**

46	23	95	41	82	57	46	13	50	65
83	10	43	32	55	79	41	70	83	56
97	51	97	47	93	44	33	91	47	20
66	13	74	11	66	92	48	73	99	84
25	91	65	82	45	78	31	22	50	25
39	14	78	39	81	20	42	55	93	32
71	65	82	39	21	73	71	96	84	17
52	78	29	52	36	29	61	33	45	89
17	78	10	67	88	15	90	17	53	66
35	69	15	68	35	72	99	61	70	34
98	55	42	92	70	18	53	74	60	98

Ihre benötigte Zeit: _____

Sind Sie nun überzeugt davon, was Ihr Unterbewusstsein in so kurzer Zeit tatsächlich leisten kann?

Übungen dieser Art ermöglichen es Ihnen, Ihren Bereich des **„geistigen Auges"** zu erweitern. So erfassen Sie mehr beim Überfliegen eines Textes.

Sie können sich in dieser Übung natürlich auch steigern, indem Sie sich an einer schwierigeren dieser Art versuchen. Bei der nächsten Übung werden Sie daher dreistellige Zahlen vorfinden.

Übung 2:

578	764	362	907	448	642
603	900	865	441	569	491
573	846	362	672	700	244
578	940	840	373	618	901
345	755	703	378	700	884
809	918	441	729	273	642
123	940	666	825	461	914
831	567	826	682	942	658
400	780	729	577	500	835
614	325	472	825	470	359
502	719	184	901	767	864

Üben Sie das Überfliegen jedoch nicht nur an solchen Zahlenreihen, Sie wollen damit schließlich letztendlich Texte lesen und nicht nur Zahlen. Nehmen Sie sich in einer freien Minute einen Text (dieser darf auch gerne kurz sein) und **überfliegen Sie ihn**. Legen Sie dabei für sich vorher einen bestimmten Sachverhalt fest, nachdem Sie Ausschau halten wollen (bestimmte Wörter, Themen, usw.).

Sie werden in dieser Hinsicht **schnell Fortschritte erzielen** und merken, wie sehr Ihnen das Überfliegen beim Speed Reading helfen wird.

Top Ergebnisse erzielen - in kürzester Zeit!

Speed Reading ist nicht an irgendwelche bestimmten Rahmenbedingungen gebunden. So lange Sie mit den Umständen Ihrer Umgebung zufrieden sind, können Sie Speed Reading nahezu **überall** und **jeder-zeit** durchführen.

Sind Sie also interessiert daran, Ihre Fähigkeiten im Speed Reading immer weiter auszubauen, so können Sie gerne kleine tägliche Übungen **in Ihren Alltag** einfließen lassen. Auch eignet sich Speed Reading als hervorragende kurze Übung zwischendurch, wenn Sie gerade nichts Dringendes zu erledigen und ein wenig Freiraum haben.

Doch seien Sie dabei auch **umsichtig**! Auch wenn es heißt, Sie können Speed Reading immer und überall durchführen, so müssen Sie dennoch ein paar grundlegende Dinge beachten.

In dem Kapitel **„Die eigenen Fähigkeiten verbessern"** haben Sie bereits erfahren, dass Ablenkung und ähnliche Störfaktoren pures Gift für Ihre Konzentration und damit auch für das Speed Reading sind.

Gerade als **Anfänger** des Speed Reading benötigen Sie optimale Rahmenbedingungen, um diese Fähigkeit erfolgreich ausbauen zu können. Sind Sie erstmal ein geübter Schnellleser und fühlen sich sicher beim Speed Reading, können Sie je nach Ihrem Befinden diese Technik natürlich in nahezu jeder Situation trainieren.

Was es heißt, unter optimalen Rahmenbedingungen zu trainieren:

Das bedeutet, dass Sie den Vorgang des Lesens zunächst richtig organisieren müssen. Achten Sie dabei stets auf das **Umfeld**, in dem Sie lesen werden. Verschiedene Faktoren spielen dabei eine Rolle, die zur Effektivität Ihres Leseprozesses beitragen.

1) Zum einen ist der **Zeitpunkt** des Lesens ein ganz entscheidender Faktor. Wählen Sie einen Moment aus, in dem um Sie herum wenig Störungen und Ablenkungen herrschen.

Sie sollten darauf achten, nicht genau dann mit dem Lesen zu beginnen, wenn Sie sich erschöpft fühlen. Als Muntermacher bei einem Leistungstief eignet es sich demnach nicht unbedingt, Speed Reading zu trainieren. Das führt unweigerlich zu Stress und Frustration.

Wichtig ist auch, **über welches Thema** Sie lesen. Haben Sie mehrere Texte zur Auswahl, hilft es meistens, diese vorher zu strukturieren. Sortieren Sie die Texte beispielsweise nach dem Themengebiet, nach der Art (Briefe, Artikel, usw.) oder nach Umfang.

Möchten Sie mehrere Themengebiete „abarbeiten", beginnen Sie ruhig mit dem Lesestoff, der Sie am meisten interessiert. So bleiben Sie motiviert und konzentriert.

2) Die Art der **Umgebung**, in der Sie lesen möchten, ist ebenso von hoher Bedeutung. Dies hängt eng mit dem richtigen Zeitpunkt zusammen, denn auch hier spielt die Ablenkung eine entscheidende Rolle.

Dabei müssen wieder Sie selbst entscheiden, wo und unter welchem Bedingungen Sie sich am wohlsten und ungestörtesten fühlen. Dabei können Ihnen beispielsweise folgende Fragen helfen: Wie sind die **Lichtverhältnisse**? Herrscht Lärm oder Unruhe? Sind Sie in der Lage, sich an diesem Ort zu konzentrieren?

Ist es beispielsweise zu **dunkel** oder zu **hell**, stört dies unterbewusst Ihre Wahrnehmung und Zufriedenheit, was sich negativ auf Ihr Lesen auswirken kann.

Laute oder **dauerhafte Geräusche** sind für viele Menschen ablenkend und werden als störend empfunden. Versuchen Sie daher, solche Bedingungen zu vermeiden, es sei denn, Sie sind bereits so geübt, dass Sie solche Ablenkungsfaktoren konsequent ausblenden können.

Andere Personen oder das eigene **Smartphone** können zur Ablenkung werden. Überlegen Sie sich daher vorher gut, ob Sie das Handy nicht lieber auf lautlos stellen wollen und sich einen ruhigen und etwas abgeschiedenen Ort suchen möchten.

3) Achten Sie bei Ihren Leseübungen zwischendurch darauf, nicht zu lange zu lesen. Lesen Sie am besten in Blöcken, die maximal **15** bis **20 Minuten** dauern. So vermeiden Sie eventuelle Überanstrengungen.

Allerdings spricht natürlich nichts dagegen, mehrmals täglich solche Leseblöcke durchzuführen. Verteilen Sie diese Phasen also über Ihren Tag.

Achten Sie auch stets darauf, dass Sie Ihren Leseprozess nicht unterbrechen müssen. Bereiten Sie also alles so vor, dass Sie sicher sein können, zwischendurch nicht gestört zu werden. Herrschen für Sie **optimale Bedingungen**, steht Ihnen nun nichts mehr im Wege und Sie können mit dem Speed Reading beginnen.

Übung macht den Meister

Sie wissen nun, worauf es ankommt und worauf Sie achten sollten, wenn Sie Speed Reading durchführen wollen. Außerdem kennen Sie bereits einige Tricks, die Ihnen diese Lesetechnik enorm erleichtern.

Tauchen Sie nun noch tiefer in die Materie ein und lernen Sie weitere Tricks, um Speed Reading optimal ausnutzen zu können.

Sicher ist Ihnen bereits aufgefallen, dass so gut wie alle Texte in Absätze untergliedert sind. Dies ist nicht nur so, damit das Schriftstück **schöner fürs Auge** ist, sondern hat einen noch weit wichtigeren Grund.

Absätze untergliedern einen Text in **Gedankenabschnitte**. Sobald ein neuer Absatz beginnt, können Sie sich also sicher sein, dass auch ein neuer Gedanke angeschnitten wird.

Wie können Sie diese Information für sich nutzen? Sie können damit gewisse Teile eines Textes ganz einfach **überspringen**. Haben Sie bereits die Gedanken und Kernaussagen eines Absatzes erfasst, so können Sie getrost zum nächsten übergehen.

Sollten Sie sich jedoch einem Text gegenüber befinden, der ziemlich lange oder gar keine Absätze aufweist, können Sie sich dennoch mit folgendem Trick helfen.

Suchen Sie einen Kerngedanken und erfassen Sie diesen. Anstatt nun weiter zu springen, lesen Sie einfach dort weiter. Achten Sie jedoch auf bestimmte Wortgruppen, die etwas über den Kerngedanken aussagen können.

Formulierungen wie „des Weiteren", „außerdem", „darüber hinaus", usw. können Ihnen verraten, dass der Gedanke **weiterhin thematisiert** wird. Nun können Sie Ihre Lesegeschwindigkeit etwas erhöhen und den Text teilweise überfliegen, denn immerhin geht es noch um ein und denselben Kerngedanken.

Finden Sie danach jedoch Wörter wie „aber", „dennoch", „allerdings", usw., können Sie sich sicher sein, dass die Denkrichtung nun geändert wird und **eine neue Idee** ins Spiel kommt. Nun empfiehlt es sich, ein wenig langsamer und eingehender zu lesen, um auch diesen neuen Gedanken erfassen zu können.

Können Sie mit Gewissheit sagen, dass Sie nun auch diesen neuen Kerngedanken erfasst haben, können Sie Ihre Lesegeschwindigkeit **wieder erhöhen** und auf Anzeichen eines weiteren neuen Gedanken achten.

Allerdings eignet sich dieses System **nur für kürzere Texte** und nicht für längere Schriftstücke oder auch Bücher. Um solche Texte mittels Speed Reading zu erfassen, gibt es ebenfalls gewisse Techniken, die Ihnen vieles erleichtern können.

Um eine Lesetechnik für diese Bücher zu entwickeln, bei der Sie schnell lesen und dennoch viel aus dem Text aufnehmen können, empfiehlt es sich, dabei nach **drei Schritten** vorzugehen.

1) Der erste Schritt ist das Verschaffen eines Überblicks. Dies kann beispielsweise einfach der Klappentext oder das Inhaltsverzeichnis sein. Auch können Sie sich hierbei an Kapitelüberschriften oder fett gedruckten Wörtern orientieren. Von vielen Texten gibt es ebenso Zusammenfassungen, die sich lohnen, vorher gelesen zu werden.

Halten Sie sich jedoch nicht zu lange in dieser Phase auf, sondern planen Sie dafür nur etwa **drei** bis **fünf Minuten** ein. Wichtig ist hierbei vor allem, dass Sie eine Idee des Aufbaus und der Struktur des Textes erhalten. Auch bereiten Sie so Ihr Gehirn auf das Thema vor und können sich besser darauf einlassen.

Falls Sie nun feststellen, dass der Text überhaupt nicht Ihrem Interesse oder Vorlieben entspricht, können Sie sich natürlich immer noch dazu entscheiden, diesen lieber nicht zu lesen. Wie Sie schließlich bereits wissen, spielt das **Interesse am Text** ebenfalls eine erhebliche Rolle beim Gelingen des Speed Readings.

Diesen Luxus können Sie sich aber natürlich nur leisten, wenn Sie auf **freiwilliger** Basis lesen. Sind Sie verpflichtet, einen längeren Text oder ein Buch zu lesen, blenden Sie am besten diesen Umstand so gut es geht aus. Suchen Sie die positiven Aspekte und Vorteile des Textes und versuchen Sie so, Ihr Interesse zu wecken.

2) Haben Sie sich einen Überblick verschafft, so gehen Sie nun dazu über, den Text so schnell wie möglich zu lesen. Da Sie nun bereits einige Übung und Wissen im schnellen Lesen besitzen, dürfte dies für Sie kein Problem darstellen. Lesen Sie das Schriftstück einfach mittels den von Ihnen neu erworbenen Fähigkeiten. Verzichten

Sie auf Notizen oder Markierungen, denn dies lenkt Sie nur ab und unterbricht Ihre Konzentration.

3) Der letzte Schritt dieser Technik ist die Aktivierung des Wissens. Sie rufen nun die Informationen hervor, die Sie eben gelesen haben und notieren diese. Dabei können Sie nach eigenen Vorlieben und Gewohnheiten vorgehen, empfehlenswert ist allerdings das Erstellen einer **Mind-Map**.

Hier zur Erinnerung: Eine Mind-Map ist eine Technik des Erstellens von Notizen, die vor allem auf visueller Ebene stattfindet. Ein Themengebiet wird so **schnell erfassbar** und **strukturiert** dargestellt und es werden Zusammenhänge zwischen einzelnen Punkten geknüpft. Oft wird dabei auch mit Assoziationen und dem Bilden von Kategorien gearbeitet.

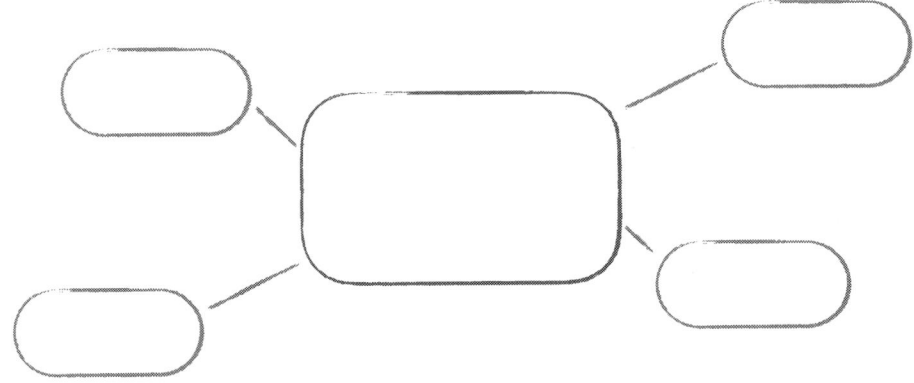

Durch das Erstellen einer Mind-Map vertiefen Sie Ihr neu erworbenes Wissen noch mehr und verinnerlichen dieses. Sie setzen sich damit auseinander und können nun viel besser auf all diese Informationen zurückgreifen.

Um ein Gefühl für das Erstellen einer Mind-Map zu erhalten, sollen Sie dies nun selbst ausprobieren. Zwar eignet sich solch eine Vorgehensweise hauptsächlich für das Lesen und Aufarbeiten von Büchern und sehr umfangreichen Texten, doch als Einstiegsübung dürfen Sie dies nun gerne mit einem kürzeren Text versuchen.

Sie finden nachfolgend einen weiteren Text vor, den Sie mittels Ihrer Speed Reading Fähigkeiten lesen sollten. Lassen Sie dabei keine Unterbrechungen zu, markieren Sie nichts und fertigen Sie keine Notizen an!

Legen Sie sich allerdings **vor Beginn des Lesens** einige Stifte und ein DIN-A4-Blatt bereit, damit Sie danach sofort mit der Mind-Map starten können.

Lesen Sie nun den folgenden Sachtext so schnell Sie können und versuchen Sie, so viele Informationen wie möglich abzuspeichern!

Fangen Sie jetzt an, die Zeit zu stoppen!

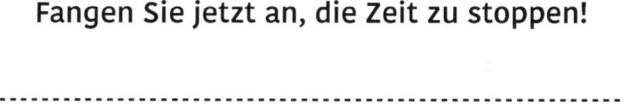

Text: Die neue Chinesische Seidenstraße

Das Projekt „One Belt, One Road" oder auch „Neue Chinesische Seidenstraße" genannt, wurde 2013 vom chinesischen Staatspräsidenten Xi Jinping ins Leben gerufen. Dabei handelt es sich um das wohl größte Infrastrukturprojekt aller Zeiten, welches mittels Landrouten, Eisenbahnstrecken und Schifffahrtsstraßen die drei Kontinente Asien, Europa und Afrika miteinander verbinden soll. Die Kosten belaufen sich schätzungsweise auf 1.000 Milliarden US-Dollar.

Es dient vorrangig dem Ausbau der Wirtschafts- und Handelsbeziehungen zwischen Asien und Europa. China erhofft sich durch die neuen Verkehrswege zu Land kürzere Transportzeiten zu seinem wichtigsten Handelspartner, der Europäischen Union. Allerdings ist die neue Handelsroute auch als langfristig angelegte Strategie Pekings zu verstehen, die die geoökonomischen und geopolitischen Interessen der zweitgrößten Volkswirtschaft der Welt zu erfüllen sucht.

Seit fünf Jahren intensivieren sich chinesische Investitionen in die Infrastruktur anderer Länder, die sich entlang der Route befinden. Dazu gehören auch europäische Stützpunkte, wie etwa der Hafen von Piräus in Griechenland. Eine wichtige Rolle kommt dabei der Asiatischen Infrastrukturinvestmentbank zu. Die eigens von China gegründete multilaterale Entwicklungsbank, zu deren Mitgliedern auch Deutschland zählt, ist an vielen solcher Bauprojekte beteiligt.

Die Chinesen locken mit wirtschaftlichen Vorteilen, die die Initiative bietet. Neue Arbeitsplätze sowie Märkte werden geschaffen, die Infrastruktur aufgewertet als auch der Handel mit dem bevölkerungsreichsten Land der Erde und Exportweltmeister gefördert. Da es zumeist arme, strukturschwache Länder sind, in deren Infrastruktur China investiert, sind für diese die Milliarden aus dem Reich der Mitte ein großer Geldsegen. Das vor allem aber chinesische Unternehmen und Institutionen durch den Bau der Projekte profitieren, welche von chinesischen Arbeitern mit chinesischen Maschinen realisiert werden, wird toleriert, solange das Geschäft läuft.

Ein weiterer Nebeneffekt ist der wachsende politische Einfluss Chinas, der sich aus der zunehmenden wirtschaftlichen Abhängigkeit der Weltmacht ergibt. Davon sind besonders zentralasiatische Nationen, inzwischen aber auch EU-Mitgliedsstaaten betroffen. So blockierte Griechenland, wir erinnern uns an die chinesischen Investitionen im Hafen von Piräus, eine gemeinsame Erklärung der EU bezüglich Menschenrechtsverletzungen in China im Juni 2017.

Ihre benötigte Zeit: _____

Nehmen Sie Ihr bereit gelegtes Blatt Papier (im Querformat) und beginnen Sie mit dem Erstellen einer Mind-Map zu dem Text, den Sie gerade gelesen haben! Nehmen Sie sich dafür so viel Zeit, wie Sie möchten.

Sind Sie fertig mit dem Erstellen Ihrer Mind-Map? Sie werden feststellen, dass Sie nun einen besseren Überblick über das Thema haben.

Der große **Vorteil** einer Mind-Map ist: Es gibt kein richtig oder falsch. Da jeder Mensch andere Schwerpunkte legt und verschiedene Assoziationen aufstellt, kann jede Mind-Map zu einem Thema sehr unterschiedlich ausfallen. Wichtig ist nur, dass Sie selbst das Thema verstanden und verinnerlicht haben.

Gern können Sie das Erstellen von Mind-Maps auch an von Ihnen gewählten Texten oder auch Büchern üben. Dabei sind Ihrem Tatendrang und Ihrer Fantasie keinerlei Grenzen gesetzt.

Ermitteln Sie Ihren persönlichen Fortschritt

Sie haben nun einige Übungen hinter sich und wissen, worauf es beim Speed Reading ankommt.

Lehnen Sie sich nun einmal kurz zurück und denken Sie nach: Wie war Ihre Fähigkeit im Speed Reading, als Sie mit diesem Buch begonnen haben? Wo würden Sie sich jetzt einordnen?

Mit Sicherheit können Sie nun für sich selbst sagen, dass sich Ihre Fähigkeit im schnellen Lesen verbessert hat. Um dies nun noch einmal unter Beweis zu stellen, wartet nun eine kleine Abschlussübung auf Sie.

Bevor Sie diese beginnen, empfiehlt es sich jedoch, eine kurze Pause einzulegen. Je nachdem, wie lange Sie nun schon am Stück Ihre Speed-Reading-Fähigkeit trainieren, sollten Sie sich nun ein wenig Ruhe gönnen.

Nur so sind Sie wirklich konzentriert und ausgeruht und können das Beste aus sich herausholen. Wenn Sie der Meinung sind, dass Sie sich nun genug entspannt haben, steht der letzten Übung nichts mehr im Wege.

Wenden Sie dabei die Techniken an, die Ihnen am meisten zusagen und die Ihnen persönlich am hilfreichsten und nützlichsten erscheinen. Wenn es Ihnen hilft, können Sie vorher gern ein paar Konzentrationsübungen durchführen.

Für diese Abschlussübung benötigen Sie wieder einmal eine Stoppuhr und falls Sie das möchten, Stifte und ein Blatt Papier zum

Erstellen einer Mind-Map. Legen Sie sich all Ihre benötigten Materialien bereit und beginnen Sie mit dem Text.

Fangen Sie jetzt an, die Zeit zu stoppen!

Das Römische Reich

Das Imperium, das unter dem Namen des Römischen Reiches bekannt ist, war das Gebiet, welches durch die Römer bzw. den römischen Staat beherrscht wurde. Dieses überdauerte einige Jahrhunderte und lässt sich ungefähr auf den Zeitraum des 8. Jahrhunderts v. Chr. bis zum 7. Jahrhundert n. Chr. datieren. Teilweise stieg dieses Imperium sogar zu einer Art Weltreich auf und beherrschte zahlreiche Teile Europas.

Ein genauer Zeitraum lässt sich heute allerdings nicht mehr konkret feststellen. Bekannt ist, dass die Gründung der Stadt Rom auf der Sage der beiden Brüder Romulus und Remus basiert. Laut dieser Sage über die beiden Kinder, die von einer Wölfin großgezogen wurden, soll Rom im Jahr 753 v. Chr. erbaut worden sein. Allerdings gibt es Spuren auf weit frühere Besiedlungen, wodurch nicht genau festgelegt werden kann, wann genau der Beginn des Römischen Reiches und die Erbauung Roms zu verzeichnen sind.

Allgemein ist sicher bekannt, dass das Römische Imperium vornehmlich von einem römischen Kaiser regiert wurde, doch die Herrschaftsform änderte sich im Laufe der Jahrhunderte. In den anfänglichen Jahren des Römischen Reiches gab es eine Königsherrschaft, welche ungefähr bis 509 v. Chr. anhielt. Danach folgte die Römische Republik bis ca. 27 v. Chr., welche aufgrund von zahlreichen Bürgerkriegen unterging. Ab diesem Zeitpunkt bis in das dritte Jahrhundert n. Chr. begann die frühe römische Kaiserzeit, welche auch unter dem Namen der „Zeit der Soldatenkaiser" bekannt ist. Dieser Umbruch geschah vor allem durch eine Neuordnung des bisherigen Staatswesens durch Augustus, welcher im selben Jahr zum Kaiser Augustus ernannt wurde und damit die römische Kaiserzeit einläutete. Die letzte Phase bildete die Spätantike, welche ungefähr bis in das sechste oder siebte Jahrhundert n. Chr. reichte. In dieser Zeit ereignete sich der Untergang des Römischen Reiches, welcher vor allem durch Bürgerkriege, Aufstände und religiöse Streitigkeiten zwischen christlichen Gruppen ausgelöst wurde. Danach erfolgte ein fließender Übergang in die Zeit des Frühmittelalters.

Die staatsrechtliche Bezeichnung des Römischen Imperiums war S.P.Q.R., „Senatus Populusque Romanus". Dies bedeutet so viel wie „Der Senat und das Volk Rom". Im gesamten Reich galten Latein und Altgriechisch (dies jedoch nur im Osten) als Amtssprachen. Allerdings konnten sich auch diverse regionale Sprachen erhalten wie beispielsweise Aramäisch, Keltisch oder Etruskisch.

Das Erbe des Römischen Reiches setzte sich in dieser Hinsicht jedoch sogar über seinen Untergang hinaus fort: In West- und Mitteleuropa galt bis zur Epoche des Barocks Latein als die Sprache der Gelehrten und Gebildeten. Außerdem entspringen zahlreiche romanische Sprachen wie Französisch, Italienisch oder auch Spanisch der lateinischen Sprache. Diverse lateinische Lehnwörter lassen sich im Germanischen und Slawischen finden. Zwar ist Latein in der heutigen Zeit eine ausgestorbene Sprache, jedoch gilt sie in der römisch-katholischen Kirche noch heute als Amtssprache. In der Medizin und Biologie findet Latein noch Anwendung, werden hier schließlich zahlreiche lateinische Fachausdrücke genutzt.

Eine genaue Einwohnerzahl des Römischen Reiches lässt sich in der heutigen Zeit natürlich nicht mehr genau feststellen. Zwar führten bereits die Römer Volkszählungen durch, doch waren diese meist ungenau und können nicht als zuverlässig angesehen werden. Lediglich durch Schätzungen kann heute die ungefähre Population des Römischen Imperiums bestimmt werden. So wird angenommen, dass zu den Anfangszeiten des Römischen Reiches ca. 57.000.000 Menschen in diesem Gebiet lebten. Wahrscheinlich variierte diese Zahl über die Dauer des Imperiums stark. So wird angenommen, dass die Bevölkerungszahl während der Reichsausdehnung im Jahre 117 n. Chr. auf etwa 65.000.000 anstieg, nach der Antoninischen Pest 180 n. Chr. jedoch wieder auf 40.000.000 Menschen schrumpfte. Gegen Ende des Römischen Reiches wird die Population auf ca. 26.000.000 Einwohner geschätzt.

Auf die beherrschten bzw. auch besetzten Gebiete übte das Römische Reich einen großen Einfluss aus. Viele Regionen mussten ihre Sprachen, Sitten und Gebräuche ändern oder ganz aufgeben. Doch konnten diese von den Vorzügen des Römischen Imperiums profitieren. Vor allem während der Phase der Kaiserzeit erreichten Handel, Kunst und Kultur ihre Hochblüte. Es herrschte ein hoher Lebensstandard mit einer ebenso hohen Lebensqualität und einem beträchtlichen Bevölkerungsstand. Dieser Zustand sollte in Europa und auch in Nordafrika erst einige Jahrhunderte später erneut erreicht werden.

Zudem prägte das Römische Reich das moderne europäische Rechts- und Staatswesen. Vor allem das Zivilrecht steht unter starkem Einfluss des römischen Rechtes. Fundamentale zivil- und auch strafrechtliche Verfahrensvorschriften waren im Rechtswesen des Römischen Imperiums vorhanden und flossen in Teilen in die Rechtsnormen der Moderne ein.

Doch nicht nur das heutige Rechtswesen steht unter römischen Einflüssen. In zahlreichen weiteren Gebieten lassen sich Hinweise auf Prägungen durch das Römische Reich finden. Sei es Straßenbau, Medizin, Sprache oder Architektur, die Römer haben maßgeblich Einfluss auf die gegenwärtigen Zustände genommen, obgleich dies heute kaum noch bekannt ist.

Beenden Sie jetzt Ihre Stoppuhr und notieren Sie sich Ihre Lesezeit.

Ihre Lesezeit (in Sekunden): _____

Wenn Sie möchten, können Sie nun eine Mind-Map zu dem Text erstellen.

Möchten Sie dies nicht tun oder haben Sie dies bereits beendet, so können Sie sofort zur Befragung des Textverständnisses übergehen. Kurze Erinnerung: Den Text beim Beantworten der Fragen nicht noch einmal lesen!

Frage 1:
Worauf basiert die Gründung der Stadt Rom?

Frage 2:

Wie viele und welche Phasen der Herrschaftsformen existierten im Römischen Reich?

a)   vier - Königsherrschaft, Römische Republik, Kaiserzeit, Spätantike

b)   drei - Königsherrschaft, Kaiserzeit, Spätantike

c)   vier - Römische Republik, Königsherrschaft, Kaiserzeit, Spätantike

d)   drei - Kaiserzeit, Römische Republik, Spätantike

Frage 3:

Welcher Kaiser läutete die Kaiserzeit ein?

a)   Kaiser Nero

b)   Kaiser Augustus

c)   Kaiser Marcus

Frage 4:

Welche Sprachen galten im Römischen Reich als Amtssprachen?

Frage 5:

Inwiefern wird in der heutigen Zeit die lateinische Sprache noch angewendet?

Frage 6:

Die Einwohnerzahl des Römischen Reiches lässt sich aufgrund von genauen Volkszählungen der Römer noch heute gut einschätzen.
Wahr oder falsch?

Frage 7:

Nennen Sie **zwei Bereiche,** die noch in der heutigen Zeit maßgeblich durch das Römische Reich geprägt wurden.

Vergleichen Sie nun Ihre Antworten mit den Lösungen.

Nun können Sie wieder Ihre Verständnisleistung sowie Ihre Lesegeschwindigkeit ermitteln. Gehen Sie dabei wieder genauso vor, wie bei den bisherigen Leseübungen!

Anzahl richtiger Antworten : 7 = Ergebnis A

Ergebnis A x 100 = Ihre Verständnisleistung in Prozent

Ihre Verständnisleistung: _____

Die Berechnung Ihrer Lesegeschwindigkeit ermitteln Sie wie folgt:

Wörteranzahl (751) : Zeit (in Sekunden) = Wörter pro Sekunde

Wörter pro Sekunde x 60 = Wörter pro Minute

Ihre Lesegeschwindigkeit: _____

Nun geht es darum, eine Bilanz zu Ihrem allerersten Lesetest und dem jetzigen zu ziehen. Sicher sind Sie neugierig, wie genau Sie Ihre Lesefähigkeiten verbessern konnten. Blättern Sie dafür kurz zurück zu der ersten Leseübung und suchen Sie Ihre erzielten Ergebnisse heraus. **Notieren Sie diese hier!**

Lesegeschwindigkeit des ersten Textes: _____

Verständnisleistung des ersten Textes: _____

Notieren Sie nun noch einmal Ihre Ergebnisse aus dem letzten Text!

Lesegeschwindigkeit des letzten Textes: _____

Verständnisleistung des letzten Textes _____

Widmen Sie sich zunächst Ihrer Lesegeschwindigkeit. Solch eine Steigerung haben Sie bereits einmal berechnet. Gehen Sie dabei wieder genauso vor. (LG bedeutet hierbei Lesegeschwindigkeit)

LG des letzten Textes : LG des ersten Textes = Ergebnis A

Ergebnis A – 1 = Ergebnis B

Ergebnis B x 100 = Ihr Fortschritt der LG

Fortschritt Ihrer Lesegeschwindigkeit: _____

Nach demselben Prinzip ermitteln Sie nun auch die Steigerung Ihrer Verständnisleistung! (VL bedeutet hierbei Verständnisleistung)

VL des letzten Textes : VL des ersten Textes = Ergebnis A

Ergebnis A – 1 = Ergebnis B

Ergebnis B x 100 = Ihr Fortschritt der VL

Fortschritt Ihrer Verständnisleistung: _____

Nun haben Sie Ihren **persönlichen Fortschritt** schwarz auf weiß vor sich stehen. Nach zahlreichen Übungen, in denen Sie gelernt haben, auf was genau es beim Speed Reading ankommt, haben Sie nun dieses Stadium erreicht. Sie haben gewisse „**Augenbewegungs-Strategien**" kennengelernt und auch erfahren, wie Sie Ihr Umfeld gestalten sollten, um aus sich das Beste herauszuholen.

Langfristig Zeit und Anstrengung sparen

Sie sind nun an einem Punkt angelangt, an dem Sie von sich selbst sagen können, dass Sie Speed Reading beherrschen. Sie wissen, welche Techniken Sie einsetzen und Strategien Sie für Ihren persönlichen Erfolg nutzen können.

Speed Reading wird niemals irrelevant

Auch wenn Sie nun diese Strategien und Techniken gemeistert haben, so heißt dies noch lange nicht, dass hier nun für Sie Schluss ist. Vielmehr können Sie es so betrachten, dass Sie die erste Etappe oder auch die ersten Hürden hinter sich gebracht haben, doch Sie befinden sich immer noch auf der Laufstrecke. Wie lang diese Laufstrecke sein soll, **bestimmen Sie allerdings selbst.**

Vermeiden Sie es jedoch, einen Schritt zurück zu machen! Das soll heißen, dass Sie nicht aufhören sollen, Ihre neu erworbenen Fähigkeiten einzusetzen. Behalten Sie diese Strategien und Angewohnheiten bei und achten Sie darauf, wie Sie lesen.

Vielleicht haben Sie sich Speed Reading nur angeeignet, weil Sie diese Technik über einen bestimmten **Zeitraum** hinweg dringend benötigt haben. Wenn dies der Fall war und diese Notwendigkeit nun nicht mehr besteht, sollten Sie dennoch an dieser Fähigkeit weiter festhalten!

Speed Reading wird niemals irrelevant und kann **ein lebenslanger Begleiter** und **eine enorme Hilfe im Alltag** sein. Setzen Sie daher weiter auf diese Technik und sparen Sie Zeit und Aufwand.

Außerdem können Sie sich so immer wieder neuen Denkherausforderungen stellen und ertüchtigen Ihre Konzentration und Auffassungsgabe.

Natürlich ist dies kein Befehl, jeden erdenklichen Text nur noch mittels Speed Reading zu lesen. Sie selbst bestimmen, wann Sie diese Technik einsetzen möchten und wann nicht. Ziehen Sie es vor, ein Buch **in einem normalen Tempo** zu lesen, dann tun Sie dies auch.

Aber nun, da Sie erst einmal diese Fähigkeit erlernt haben, werden Sie schnell merken, dass Sie diese Techniken und Strategien gar nicht wirklich aufgeben möchten.

Versuchen Sie daher immer wieder, Speed Reading einzusetzen und bei Bedarf auch wieder aufzufrischen.

Erworbene Fähigkeiten sind Gold wert

Wie Ihnen nun bereits dargelegt wurde, sollten Sie Speed Reading keinesfalls aufgeben. Doch wie genau soll dies funktionieren, wenn Sie nicht ständig jedes einzelne Schriftstück mit dieser Technik lesen möchten?

Wenn Sie aus beruflichen Gründen weiterhin darauf angewiesen sind, Speed Reading durchzuführen, so haben Sie damit schon einen Großteil der Aufrechterhaltung von Speed Reading abgedeckt.

Müssen Sie diese Lesetechnik in Ihrem Beruf nicht so häufig oder auch gar nicht anwenden, möchten diese aber weiter üben, gibt es dafür zahlreiche Möglichkeiten.

Nehmen Sie sich beispielsweise bewusst **mindestens einmal am Tag** eine Auszeit, in der Sie sich mit Speed Reading beschäftigen.

Dazu können Sie jeden beliebigen Text nehmen und Ihn mit dieser Lesetechnik durcharbeiten.

Wenn Sie möchten, können Sie bei diesen „Trainingseinheiten" auch gern eine **Fortschrittstabelle** führen. Dazu notieren Sie sich einfach Ihre benötigten Lesezeiten und die entsprechenden Geschwindigkeiten (die Berechnung dieser Werte können Sie gern in diesem Buch immer wieder nachschlagen). So können Sie immer vergleichen, inwiefern sich Ihr Speed Reading verändert und Ihren Lernfortschritt weiter direkt beobachten.

Scheuen Sie sich auch nicht davor, sich an schwerere Texte heranzuwagen. **Suchen Sie sich immer wieder neue Herausforderungen,** um Ihre Lesefähigkeiten aktiv und konstant zu halten. Sie werden es sicher keinesfalls bereuen, dass Sie an dieser neu erworbenen Fähigkeit festhalten.

Sie haben nun in diesem Buch einige Texte durchgearbeitet und sich an Speed Reading versucht. Sie sind Experte, wenn es darum geht, schlechte Leseangewohnheiten zu vermeiden oder auf die eigenen Augenbewegungen zu achten.

Denken Sie auch immer daran, dass ein Großteil von Speed Reading immer von Ihrer **Konzentration** abhängt. Je nachdem wie fortgeschritten Sie sind, sollten Sie auch immer wieder auf Ihre Umgebung achten.

Außerdem haben Sie vielleicht eine neue Art der Wissensaufbereitung kennengelernt: **das Erstellen einer Mind-Map.** Wenn Sie für sich feststellen konnten, dass dies eine hilfreiche Methode ist, so halten Sie gern weiter daran fest.

Vielleicht kannten Sie aber bereits einige **Methoden** und **Techniken**, die in diesem Buch genannt wurden. Wenn dem so war, dann konnten Sie diese hoffentlich noch erweitern und verbessern.

Das **Hauptanliegen** ist jedenfalls, dass Sie für sich selbst nun sagen können, dass Sie Speed Reading kennen und auch beherrschen. Wenn dies der Fall ist, ist das Ziel dieses Buches erreicht und Sie können sich selbst loben, immerhin haben Sie selbst dafür gesorgt, dass Sie nun an diesem Punkt angelangt sind.

In diesem Sinne: **Herzlichen Glückwunsch zum Erlernen und Meistern von Speed Reading!** Hoffentlich wird Ihnen diese Lesetechnik eine wertvolle Hilfe sein und für Sie stets einen Nutzen bereithalten.

Anhang (Lösungen)

Text 1: Raumfahrt

Frage 1: aufgrund Unmengen an finanziellen Mitteln, die solch ein Programm verschlingt

Frage 2: c) das Interesse der Politik

Frage 3: in der Antike und in der Renaissance

Frage 4: b) 1660 im russischen Zarenreich

Frage 5: a) der russische Forscher Konstantin Eduardowitsch Ziolkowski

Frage 6: Raketentechnik für militärische Zwecke nutzbar machen

Frage 7: b) Berlin-Kummersdorf

Frage 8: falsch

Text 2: Träume

Frage 1: falsch

Frage 2: Klartraum oder auch luzider Traum

Frage 3: b) von Spielen und Tieren

Frage 4: In allen Phasen

Frage 5: c) direkt nach dem REM-Schlaf

Frage 6: falsch

Frage 7: a) Die Augenbewegungen während des Schlafens und die im Traum sind exakt identisch.

Text 3: Das Römische Reich

Frage 1: auf der Legende von Romulus und Remus

Frage 2: a) vier - Königsherrschaft, Römische Republik, Kaiserzeit, Spätantike

Frage 3: b) Kaiser Augustus

Frage 4: Latein und Altgriechisch

Frage 5: Als Amtssprache in der römisch-katholischen Kirche oder in der Medizin und Biologie (für Fachausdrücke)

—> **Anmerkung:** Diese Frage gilt auch als richtig beantwortet, wenn Sie nur einen der beiden aufgezählten Punkte notiert haben

Frage 6: falsch

Frage 7: Rechts- bzw. Staatswesen, Straßenbau, Medizin, Sprache oder Architektur

Rechtliches & Impressum

Impressum

Matthias Brandt wird vertreten durch:

Jan Sergienko - Buchvertrieb

Ekhofstraße 31

D-22087 Hamburg

Coverbild: Madtom / Shutterstock

Printed in Germany
by Amazon Distribution
GmbH, Leipzig